実践 シティズンシップ教育

防災まちづくり・くにづくり学習

編集 藤井 聡・唐木清志
協力 公益社団法人 土木学会 教育企画・人材育成委員会
「土木と学校教育会議」検討小委員会

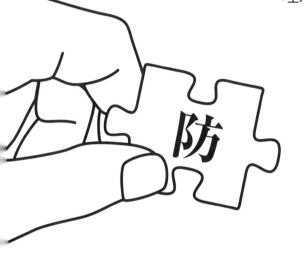

悠光堂

はじめに

「防災まちづくり・くにづくり学習」のススメ

「防災まちづくり・くにづくり」とは何か？

　本書は「防災」の「まちづくり」や「くにづくり」を、子どもたちに学んでもらうために、学校教育で、どのような取り組みが必要かをとりまとめた本である。

　そもそも日本では、2万人近くもの方が犠牲になった 2011 年の東日本大震災以降、たくさんの地震が起こるようになっている。今後は「首都直下地震」や「南海トラフ地震」といった巨大地震が発生する危機もまた深刻に指摘されている。火山噴火も頻発し、2014 年の御嶽山の噴火でも 40 名を超える方の尊い命が失われた。さらには、地球温暖化の影響も受け、近年では豪雨が数多く生じ、洪水や土砂災害も頻発している。

　こんな状況の中で、もしも私たちが何の備えもしなければ、その被害がさらに深刻化するのは避けられない。「まち」が潰され、多くの人々がさらに命を失ってしまうことになる。そして、巨大地震やメガ台風といった巨大災害は、私たちの「まち」のみならず「くに」全体にも深刻な被害をもたらしてしまう。

　こうした実情を踏まえて提案された「防災まちづくり・くにづくり」とは、私たちの「まち」や「くに」を、さまざまな自然災害の危機に対して「強く、しなやかなもの」にしていこうとする取り組みである。そして、その取り組みの目的や内容、そして考え方取り組み方を子どもたちに教えていくことを「防災まちづくり・くにづくり学習」と呼ぶ次第である。

「まち」「くに」は自然になじむようにつくられてきた

　ところで、私たちの「まち」や「くに」は、さまざまな「想定」のもと、つくりあげられてきた。

　例えば伝統的な家屋は、地域ごとに「屋根」が大きく違う。雪国に行くと屋根が急峻だ。そうしておけば、雪が自然に落ちていくからである。一方で、台

風が多い地域になると、屋根は平ら（フラット）になる。平ら（フラット）にしないと屋根が風で飛ばされてしまうからである。

つまり、家屋というものはその地域、その地域の自然環境に「なじむ」かたちになっているわけである。自然と対応するようなかっこうで屋根のかたち、構造がつくられてきているということである。

これは一つの小さな象徴だが、そういうことで社会の在り方そのものが全然変わったものになる。

つまり自然の状況やどんな災害が起こり得るのかということで、私たちの「くに」も「まち」も当然変わってくるのである。

例えば、繰り返し津波が来るようなところでは、人々は高台に住むこととなる。洪水が起こりやすいようなところでは、そこでもやっぱり高台に人が住むこととなろう。あるいは土砂災害が繰り返し起こるようなところでは、人々が住まないようになっている。そんなかっこうで自然の環境に、私たちの社会、まち、くにというのは長い時間をかけて、「なじんで」いくのである。そうやって自然に「なじんで」いくようにして徐々につくりあげられた社会こそが「伝統社会」と呼ばれるものとなるのである。

「まち」「くに」は人工的につくられるようになって、弱くなった

こういうことを2000年間とか3000年間、場合によっては1万年とか2万年の長い歴史の中で繰り返して、「進化」していくように、「まち」や「くに」がつくられてきた。

だが、残念ながら18世紀や19世紀に近代国家ができ、近代文明、産業革命が起こってから、「まち」や「くに」のできあがり方がガラリと変わってきた。つまり、自然に基づいて「まち」や「くに」や文化がつくられていく代わりに、人間の意図に基づいて、「人工的」にまち・くにを「設計」するようになったのである。

それが「近代」と呼ばれる時代の本質なのであるが、この近代化によって私たちはさまざまな利便性や快適性を手に入れることができたのである。しかしその代わり、私たちの「まち」や「くに」が自然に「なじんでいる」程度が、随分と減ってしまったのである。

これこそ、私たちの「まち」や「くに」が近代になって以降、自然災害に対して「弱く」「脆弱」になってしまった根本的な原因である。そしてこのような背景の中で生じたのが、阪神・淡路大震災や東日本大震災、あるいは、平成26年8月の広島の土砂災害だった、という次第である。

　例えば、開発が進み、昔は人々があまり暮らしていなかった土砂災害や洪水が危ない地域に、まちが広がるようになっている。あるいは昔だったら地震で壊れてしまうのは個々の家屋や建物だけで、被害も限られたものであった。しかし、近代文明は「電気」があってはじめて動くようになっているが、発電所が地震で壊れてしまえば、近代都市の活動それ自身がすべてストップしてしまう。発電所が壊れれば、テレビもエアコンもつかないし、電車も工場もすべて止まる。結果、経済も社会も完全に停滞する。

　つまり私たちの「まち」や「くに」は、近代化によって逆に弱くなって（脆弱化して）しまったのである。

　こんな背景のもと、近代化の中で災害に対して「弱い」（脆弱）状態になってしまった「まち」や「くに」をもう一度、災害に対して強いものにしようとするのが「防災まちづくり・くにづくり」である。つまり、今の自分たちの「自然に対する弱さ」をしっかりと振り返り、自然と共生できるようなまちとかくにとか、そして人間になろうじゃないかというのが、この「防災まちづくり・くにづくり」の基本的な考え方である。

　なお、以上の考え方に基づいた取り組みは「国土強靭化」と呼ばれる行政の中で現在進められている。その中では、目に見える「もの」一つ一つを強いものに変えていくという取り組みと、目に見えないさまざまな「仕組み」や「考え方」を強くしなやかに変えていこうという取り組みが進められている。そしてそれらを通して私たちの「まち」や「くに」を強くしなやかなものに変えていこうとしている。

「私たちの暮らしの環境を整える」という営み

　ところで、こうした「防災まちづくり・くにづくり」の取り組みは、広く捉えれば、あらゆる動物が行っている「自然に手を加え、暮らしの環境を、住み処を整える」という行為の一環だと捉えることができる。そして、こうした暮

らしの環境を整える取り組みは一般に「土木」（シヴィル・エンジニアリング）と呼ばれる。

　土木、つまり、「私たちの暮らしの環境を整える」ということは、例えば、まちや道、堤防、ダムをつくったりすることである。平成26年8月の70名以上もの方々がお亡くなりになった広島の土砂災害についていうなら、砂防ダムが8カ所あったのだが、それらはすべて土砂を止めて、下流側の命と財産を守ったのである。一方で、9カ所の砂防ダムの建設が予定されていたのだが、つくられてはいなかった。その9カ所のすべての地点では、残念ながら土砂災害で甚大な被害が出てきてしまったというのが事実である。

　あるいは災害に備えたり、自然を守ったりということもまた、私たちの暮らしの環境を整えることの一環であるから、これもまた「土木」の取り組みである。例えば、今回の土砂の災害を防ぐためには、実は上流側の山をしっかりと林業で守っていくと土砂の流出量が減ってくるということもあるが、こうした「自然との共生」を踏まえた環境整備もまた、土木である。

「まち」や「くに」をつくる視点が子どもたちに求められている

　そして、今、子どもたちの教育の中で、一番足りない視点が、この「自分たちの力で、自分たちの暮らしの環境を整えていく」という視点（土木の視点）に違いないのであると筆者は考えている。

　私たちは、生まれ落ちたときにすでに、そこには大人たちが、あるいは先人たちがつくった「暮らしの環境」が与えられていた。だから多くの人々が、それはさながら天が与えたような、つまり、人がつくったのではなくて天が与えたような、空気のような水のような存在として、私たちの暮らしの環境というものを認識してしまっているのである。

　そのような感覚を現代人がみんな持っていても何の弊害もないのならそれでもかまわないということもできるだろう。しかし無論、そうはいかない。

　「暮らしの環境がそこにあるのは当たり前だ」と考える大人、子どもが増えてくるとどうなるかというと、自分たちの「暮らしの環境」に「手を入れる」という「メンテナンス」というものを全くやらなくなっていってしまう。自分たちの環境を「ほったらかし」にして、何の手入れもしなくなってしまうと、「暮

らしの環境」はどんどん劣化していく。そして、結局、私たちの命や財産は守れなくなっていってしまう。その結果、私たちはどんどん不幸になっていかざるを得ない。

　つまり、「自分たちの力で、自分たちの暮らしの環境を整えていく」という視点が忘れられれば忘れられるほど、人々は不幸になっていく。だからこそ、子どもたちは、「自分たちの力で、自分たちの暮らしの環境を整えていく」ことの重要性を理解し、かつ、そうすることが「当たり前だ」と自然に感じられるような資質を身に付けていくことが今、強く求められているのである。いわば、「防災まちづくり・くにづくり」を学び、それが自発的にできるという資質は、現代社会の公民的資質、シティズンシップの主要な要素の一つとなっているのである。

　しかも、次の章で詳しくお話するように、自分自身の死滅、そして、自分たちの「まち」や「くに」の消滅を想像するところから出発する防災まちづくり・くにづくり学習は、生きる力を育み、まち・くにを「守る」力を育むものでもある。

　つまり、「防災まちづくり・くにづくり学習」は、それが展開されていくことで「まち」や「くに」が強くなっていく、という帰結が得られるだけではないのである。それを学ぶことで、他の教育課程では教えることが難しい「自分たちの暮らしの環境を整えていく」という視点を学ぶとともに、児童生徒一人ひとりの社会形成力や公民的資質、はては生きる力、まち・くにを守る力を育むこととともなるのである。

　本書はこうした防災まちづくり・くにづくりが全国で展開されていくことを支援することを企図し、以下の三部にて構成されている。第Ⅰ部は防災まちづくり・くにづくり学習の「考え方」をまとめており、教育全体の概論（第1章、第2章）に加えて、専門家からの防災についての基本的知識をまとめている（第3章）。あわせて、教育行政の取り組み（第4章、第5章）と、災害の現場の実例をまとめている（第6章）。第Ⅱ部では、全国各地の防災まちづくり・くにづくりに向けた「学校づくり」（第1～5章）の事例を、第Ⅲ部では、より実践的な視点から「授業づくり」（第1～5章）の全国各地の事例がまとめら

れている。そして付録には、防災まちづくり・くにづくり学習のためにつくられた「副読本」（ワークブック）の概要が掲載されている。

　本書が、全国の防災まちづくり・くにづくり学習の学校づくり、授業づくりに貢献し、それを通して、私たちの学校、地域、社会、そして、まちとくにがどんな災害に対しても強くしなやかとなっていくことを、同時に、この学習に触れたすべての児童生徒たちがたくましい生きる力とまちや社会を守る力を携えていくことを、心から祈念したい。

京都大学大学院工学研究科教授、内閣官房参与

藤井聡

目次

はじめに
「防災まちづくり・くにづくり学習」のススメ
藤井聡（京都大学大学院工学研究科教授、内閣官房参与） ················ 3

第Ⅰ部
防災まちづくり・くにづくり学習の考え方

第1章　「防災まちづくり・くにづくり学習」の目標と方法
藤井聡（京都大学大学院工学研究科教授、内閣官房参与） ·············· 14

第2章　防災まちづくり・くにづくり学習の可能性
唐木清志（筑波大学人間系准教授） ································· 26

第3章　安全な社会をつくるために防災教育に求められること
河田恵昭（関西大学社会安全研究センター長・教授） ··················· 36

第4章　学校防災と防災まちづくり・くにづくり学習
佐藤浩樹（前文部科学省スポーツ・青少年局安全教育調査官、
宮城県教育庁スポーツ健康課課長補佐） ··························· 47

第5章　防災教育に関する国土交通省の取り組み
塚原浩一（前国土交通省水管理・国土保全局防災課課長、
国土交通省水管理・国土保全局河川計画課課長） ················· 58

第6章　東日本大震災の教訓から得た建設業界の社会的役割

深松努（株式会社深松組代表取締役社長）……………………………… 64

第Ⅱ部
防災まちづくり・くにづくり学習と学校

第1章　「生き抜く力」を育む津波防災教育の試み

片田敏孝（群馬大学大学院理工学府教授）…………………………… 74

第2章　学校における地震防災対策

矢崎良明（板橋区教育委員会安全教育専門員、鎌倉女子大学講師）… 84

第3章　生徒が主体的に活動する防災学習

齋藤和宏（女川町立女川中学校主幹教諭）…………………………… 91

第4章　地域貢献型防災教育の取り組み

宮田龍（高知市立城西中学校校長）…………………………………… 97

第5章　小学校における「除雪」をテーマとした教育課程づくり

新保元康（札幌市立発寒西小学校校長）……………………………… 104

第Ⅲ部
防災まちづくり・くにづくり学習と授業

第1章　児童生徒による地域点検＋手づくり防災地図の授業

寺本潔（玉川大学教育学部教育学科教授）…………………………… 114

第2章　土砂災害避難を考える授業
谷口綾子（筑波大学大学院システム情報系准教授）　　………………… 122

第3章　生活防災を題材とした社会的ジレンマ教材の開発とその評価
松村暢彦（愛媛大学大学院理工学研究科生産環境工学専攻教授）　…… 129

第4章　防災教育のあるべき姿と地震・津波防災DIG・土砂災害対策DIG
小村隆史（常葉大学社会環境学部社会・安全コース准教授）　………… 137

第5章　震災遺構から学ぶ
岩坂尚史（お茶の水女子大学附属小学校教諭）　………………………… 148

付録
学習ワークブック『「防災まちづくり・くにづくり」を考える』の解説
藤井聡（京都大学大学院工学研究科教授、内閣官房参与）　…………… 158

おわりに
「防災まちづくり・くにづくり学習」のこれまでとこれから
唐木清志（筑波大学人間系准教授）　……………………………………… 169

第Ⅰ部

防災まちづくり・くにづくり学習の考え方

第1章
「防災まちづくり・くにづくり学習」
の目標と方法

藤井聡
（京都大学大学院工学研究科教授、内閣官房参与）

「防災学習」の目標

　「防災まちづくり・くにづくり学習」は、「防災学習」の一種だと位置付けることができる。ついては、ここではまず、「防災学習」についてお話したいと思う。

　図表 I -1-1 に示したように、「防災学習」の目標というのは、究極的には「生きる力を養う」ことである。ただし防災学習では、その目的のために、災害に対して何もしなければ自分が「死んでしまう」ということを学び、「生きるためには、必死さが必要なのだ」ということを肌感覚で理解することを促す、というアプローチを取る。

図表 I -1-1　防災学習と防災まちづくり・くにづくり学習の「目標」

防災学習の目標
（災害に対して何もしなければ死んでしまう、ということを学び）「生きるためには必死さが必要だ」ということを肌感覚で学ぶ それを通して「生きる力」を養う
防災まちづくり・くにづくり学習の目標
（災害に対して何もしなければまち・くにが滅びる、ということを学び）「まち・くにを守るためには、みんなで頑張ることが必要だ」ということを肌感覚で学ぶ それを通して「まち・くにを守る力、つくる力」を養う

例えば、東日本大震災で有名になった「釜石の奇跡」と呼ばれる事例がある
が（徹底的な防災学習を行っていた釜石市の小中学校では、児童全員が適切な
避難行動を取り、ほとんどすべての児童生徒が生き残ることができた、という
事例。詳しくは、本書第Ⅱ部第１章を参照されたい）、この事例は文字通り、
こうした目標を掲げた防災学習である。この事例では、群馬大学の片田敏孝教
授が釜石市の子どもたちに「津波が来たときに何もしなければ死んでしまう」
ということを、長い間繰り返し教えていった。そのうえで、（どこに津波が来
るかを記した）ハザードマップの情報すら信じず、ひたすら「必死」で高台に
逃げていくことを教え込んだ。そしてそれが功を奏し、たくさんの子どもたち
の命が救われたのである。

　こうしたことを学んだ子どもたちは、この津波のみならずさまざまな状況下
で、あらゆることを想定しつつ、その中でその瞬間瞬間にでき得ることをすべ
てやりきる「たくましさ」を学んだに違いない。

　おそらくはこの一点が、この「奇跡」の物語における最も大切な点でないか
と思う。すなわちこの事例を通して子どもたちは、「何もしなかったら死ぬ」
という人間として生きるうえで一番大事なことを、生涯忘れ得ぬかたちで徹底
的に理解したのである。残念ながら現代ではこれを理解していない人が大半で
あろう。「何もしなかったら死ぬ」というのは、当たり前のはずなのに、今では、
この感覚が忘れられているのが実情である。その結果、人々はあらゆる危機に
対して適切な対処ができない脆弱でひ弱で、しかも、当たり前の生活ができる
ことそれ自身に対して「感謝する謙虚さ」を失ってしまったのである。

　ただし、「何もしなかったら死ぬ」という程度の常識は、昔の人は誰しもが
当然のことと認識し、だからこそ、危機への対処も今よりも格段に適切に対応
できていただろうし、当たり前の生活に対する謙虚さも持ち合わせていた。例
えば農民たちは冷害や干害、洪水が起こらないことを祈っていたが、これは、
日照りや洪水によって米ができずに、自ら死に絶えるリスクを当たり前のこと
として認識していたからなのである。

　あるいは例えば万葉の時代では、たった言葉一つだけで「命を奪う」ことが
あるという緊張感があったともいわれている。万葉の時代は人の名前を容易く
口にしなかったそうであるが、それは、名前を口にするだけで、その言葉には、

人の命を奪ってしまうほどの霊的な力が宿り得るものだと認識されていたからだといわれている。つまり彼らはそこまで深い責任感、緊張感のもとで言葉を使っていたという次第である。

　要するに、私たちの命は、いともたやすく失われてしまう、という考え方がかつては当たり前だった。そしてだからこそ、何もしなかったら死ぬ、ということをかつての人々は直観的に理解できていた一方、現代人はそれをあらかた忘れ去ってしまっているのである。

　そうして、私たちは結果的に自分の命を、そして他人の命もまた、粗末にしてしまうこととなってしまっているのである。つまり、「生きる力」を失い、そして、「大切なものを守る力」も脆弱化してしまっているのである。だからこそ、現代では「何もしなければ死んでしまう」ことを理解することが、何よりも大切なものの一つとなっているのである。

　ただし、その感覚は簡単に教えられるようなものではない。「死」からかけ離れた日常生活の中で日々の暮らしを続ける現代人にとっては、「何もしなかったら死ぬ」ということは、容易に想像することができなくなっているからである。

　しかしそんな今日の状況の中でも、「防災」を学べば簡単に理解できるはずである。実際、釜石の奇跡はそれを明確に示している。

　そして「何もしなければ死んでしまう」という一点を理解できた子どもは「生きる力」を大きく身に付ける契機を得ることとなる。

　そもそも、生きるというのは死の逆であるから、死を理解することで生きるということの輪郭をはっきりと理解できるようになるのも道理である。一方で、「死」というものをすべて排除して、「生」ばかりを見ていれば、「生と死の境界」が何もわからなくなるのも道理である。結果、生の活力がますます減退していくことになる。そしてそうした構造があるからこそ、死ぬ可能性を赤裸々に描写し、かつ、そこで描写される死をはね返していこうとする力を育むことが「防災学習」の最も大切な上位目標として定位できるのである。

　こうした思想・哲学的な背景があるからこそ、現在の文部科学省の防災学習の取りまとめ冊子でも、「生きる力を育む」ということが目標になっているのである。

「防災まちづくり・くにづくり学習」の目標

　さて、「防災まちづくり・くにづくり学習」についてであるが、再び図表Ⅰ-1-1をご覧いただきたい。この学習で重要なのが、災害に対して何もしなければ「まち」や「くに」、すなわち「故郷」が滅んでしまう、という事実である。だから、防災学習で学ぶのは「自分が滅びること」であったが、「防災まちづくり・くにづくり学習」で学ぶのは自分だけではなくて「自分たち」が根こそぎ滅んでしまうということである。これが、防災まちづくり・くにづくり学習の第一歩である。

　そしてそのうえで、「まち・くにを守るためにはみんなで頑張ることが必要だ」ということを肌感覚で学ぶ。これが教育目標である。

　防災学習が対象とした「生あるもの」とは、自分一人の人間であったが、防災まちづくり・くにづくり学習が対象とする「生あるもの」とは、一人の人間を超えた、私たちとしての「まち」や「くに」なわけである。だから防災学習と防災まちづくり・くにづくり学習とでは、ミクロとマクロの違いがあるだけで、その構図は全く同じなのである。

　要するに、家族にしたって、友達関係にしたって、何もしなければどんどん崩れていく。同じように、「この地域を守る」とみんなで思わなかったら、このきびしい自然環境の中で全部流されていく。そんなことを理解して、自然に流されないように、壊されないように努力を重ねていく。そうした、まちづくり・くにづくりを通して、「まち」や「くに」をつくる力、守る力を養うということを目指す。これが防災まちづくり・くにづくり学習の目標である。

　そもそも現代人は、生きる力を失っているだけでなく、私たちが協力しながら生きていくという「まちづくり」「くにづくり」の力も失ってきている。その結果、私たちの「故郷」はますます荒廃し、消滅していっている。つまり社会形成力、あるいは公民的資質・シティズンシップを日本人はどんどん喪失していって、結果として、社会が根底から溶解していっている状況だ。そういう社会の溶解を食い止めるということが、哲学的な次元でいうところの防災まちづくり・くにづくり学習の目標だと位置付けることができる。

学習の方法：ステップ1「想像する」

　次に、防災まちづくり・くにづくりの「方法」についてであるが、それは図表Ⅰ-1-2にまとめた2つのステップがある。ここでは、この2つのステップに沿って、本書の執筆陣に支援してもらいながら作った『「防災まちづくり・くにづくり」を考える』という「副読本」を引用しつつ、このステップについて解説したいと思う。なお、図表Ⅰ-1-3が、その副読本の表紙であるが、その内容については、本書の付録で詳しく解説しているので、それらを参照されたい。

　まず第1ステップは、今、私たちの「まち」や「くに」がどんな危機に直面しているかを「想像させる」というもの。つまり、どんなふうにして私たちのまち、くに、故郷が潰れて滅びてなくなってしまうのかを想像するのである。これがすべての出発点となる。例えば巨大地震や巨大台風、大噴火が起こるとどんなひどいことが起こるのかを想像する。つまり、第1ステップの中心は、「想像する」ということである。

図表Ⅰ-1-2　防災まちづくり・くにづくり学習の「方法」

ステップ1	今、私たちの「まち」「くに」がどんな危機に直面しているかを想像する
ステップ2	想像した「危機」を避けるために、どうしたらよいかを考える

　例えば図表Ⅰ-1-3の「副読本」では、冒頭で「私たちは自然から様々な恵をうけています」と解説したうえで、「ひとたびすごい雨がふったら」というページで、「洪水」や「高潮」に加えて、広島で70名以上の方の命を奪った「土石流」を解説している。そして、これらを通して「家が壊れたり、たくさんの人の命が失われます」と解説されている。

　続く「ひとたび巨大地震がおこれば」というページでは、建物や鉄道が倒れたり、津波や火災が起こることが示され、大雨のときと同じく「たくさんの命が失われ、電気もガスも止まり、ほとんどの工場・通信が停止します」と解説されている。

図表Ⅰ-1-3　副読本『「防災まちづくり・くにづくり」を考える』の表紙

（詳細は「付録」参照）

さらには、こうした大雨・地震で被害が出れば、その「後遺症」に、それぞれのまち、そして「くに」が長い間苦しめられ続けることが解説されている。つまり、発電所が壊れれば、仮に、直接の被害を受けなくても、結局、工場も電車もとまって、結果的に、食事も普通にできなくなってしまう、という状況に陥ってしまうわけである。さらには、その被害が大きければ、私たちのくにの経済そのものが大きく衰退してしまう。つまり、たくさんの会社が潰れて、たくさんの人々が仕事を失うという事態に陥り、そういう状況に、何年も、何十年もさいなまれ続けなければならなくなってしまう。

こうしたことは過去の災害の例を踏まえれば、おおよそわかっていることだ。ところが多くの人々がそういうことを「知らない」。ひとたび大雨や地震が起こったらどうなるのかを、多くの人々は「想像」できていないのが実態なのである。いわんや児童生徒たちにおいてはなおさらだ。

だからこの学習では、児童生徒たちに、こうした副読本の資料などを使いながら、まさかのときに、私たちの「くらし」「まち」「くに」がどうなるのかを、自発的に「想像」してもらうわけである。

もちろんそのときは、自分の学校や地域を想定し、より「具体的」な想像を促していくことが、児童生徒たちにとってよりリアリティが増し、より効果的となろう。

ところで、こういう「まちやくに」にとっての最悪事態の「想像」は、「何もしなければ、まち・くにが滅びる」ということの認識を促すこととなる。そしてそれは「まち・くにを守るためには、みんなで頑張ることが必要だ」ということの肌感覚の理解を促すことにつながり、それを通して「まち・くにを守る力、つくる力」を養うことが期待される。したがって、こうした「学習目標」の達成において、「最悪事態についてのよりリアルな想像」が肝なのである。

もちろん、災害に限らず「何もしなければ、まち・くにが滅びる」ということを想像させる事態があるなら、それでも事足りるといえよう。しかし自然災害ほどに、子どもたちが「子ども目線」のままリアリティあるかたちで想像でき得る「まち・くにが滅びる」事態は他に見当たらないのが実情だ。だから「自分が生き残るのか」ということだけではなく、「社会の存続」そのものを理解するための最も秀逸な切り口が、「自然災害」なのである。

学習の方法：ステップ２「対策を考える」

次に、こうして想像した「最悪事態」に対してどうするのか、ということを考えさせるのが、第２のステップである。例えば「副読本」の、「災害に強い『まち』、強い『くに』とは…？」では、さまざまな「対策」が解説されている。

ただし、このステップで具体の対策を考えるにあたっても、先に解説したステップ１の「何が起こるのかを想像する」ことがすべての出発点となることを改めて強調しておきたい。その想像がなければ、対策など考えようがないからである。さらにいうなら、「想像」さえできていれば、あとは少しずつ知識を増していくことで、おのずと対策が明確になっていく、ということもできよう。

とはいえもちろん、どれだけ何が起こるのかを想像できていたとしても、不十分な知識しかなければ適切な対策を講ずることができないため、この「第２ステップ」が必要不可欠なのである。

事実、ここで教える内容こそが、「防災」や「国土強靱化」と呼ばれる、今、政府が進めている取り組みの内容そのものである。つまり、防災まちづくり・くにづくりの内容となる。

では、ここについてどうやって教えていくか、ということだが、例えば中学生や高校生くらいなら何も情報を与えず、授業の中でまず考えさせる、という方法がある。まず自発的に考えさせて、どんどんまとめていくというやり方である。もちろん、必要に応じて、その流れを見ながら、その時々に（副読本を活用しながら）「ヒント」をいくつか出していくとより効果的であろう。

時間が限られる場合ならやはり、「副読本」等を当初から活用しながら教諭の側からさまざまな取り組みを教えていく、という方法もあり得るし、もちろんそれが一つの標準的なやり方だ。

いずれにせよ、具体の授業では「考えさせる要素」と「教える要素」の間のバランスが肝要となろう。

以下、「どのように備えていけばよいのか」という、この第2ステップの具体的な内容について簡単に解説する。

まず、「津波や地震でたくさんの方々の命が失われる」という事態に対しては、堤防をつくる、建物を強くする、より安全なところ（例えば、高台とか）に住む、転居するなどがある。こうした「ハード対策」に加えて、逃げる方法を考えておく、あるいは助ける方法を考えておく。そういう「ソフト対策」もあげられる。

次に、「食料が来なくなる」「モノがつくられなくなって、みんなが貧乏になる」という問題に対しては、まずは工場や道路が潰れないようにすることが大切である。ただし、完璧に潰れないようにすることは現実的に無理だ。だから、潰れても別のものがあるように「スペア」（バックアップ）をつくっておくことも大切である。

例えば、道路や港を複数つくっておく。複数つくっておけば、どこかが潰れても別のものが生き残っているので、運輸・輸送がストップすることはない。

あるいは「備蓄を増やす」ことも大切である。食べ物をそれぞれの家の中で3日分くらい置いておけば、当座はしのぐことができる。

さらには、「より安全なところに工場等の施設を移す」ということも重要である。無論、どれかが潰れてもいいように複数の工場を分散的につくっておく、ということも重要である。

以上に加えて、「すぐにもとに戻す方法を考えておく」ということも大切である。このときに大事なのが、自衛隊などの救援部隊がすぐに被災地に入ってくることができる、ということなのだが、実はそういう救援を行うにあたっては「地域の建設業」の方々が大変重要な役割を担う。例えば3.11のとき、自衛隊が非常に活躍したことはよく知られているが、自衛隊が活躍できたのは、「道路が通っていたから」だ。そして、がれきに埋もれた道路を、地震・津波直後に開通させたのは誰かというと、「地域の建設業者」であった。だからそうした建設業者たちが全くいなかったとしたら、誰も被災地に救援に入ることができなかったのである。大きな石やがれきをどかして人を救うためには、ど

うしても大きな機械とそれを使える人が必要不可欠だからである。同じような
ことは、大雪や、土砂災害、洪水のときにも当てはまる。つまり、民間の建設
業者の力がなければそうした自然災害が生じたとき、誰も救援に入ることすら
できなくなってしまうのである（詳しくは本書第Ⅰ部第6章を）。

　最後に、「発電所やガスタンクが壊れて、電気やガスが来なくなる」という、
事態を避けるためには、まずは発電所を強くしたり堤防をつくったり、より安
全な場所に移したり、そしてどれかが潰れてもいいように複数つくったり、あ
るいはすぐにもとに戻す方法を考えておく、という取り組みが必要である。

　このように、多様な「危機事態」を避けるためには、それぞれの対象に応じ
てさまざまな対策が必要とされているのだが、それら対策は、おおよそ次の4
つの考え方に整理できる。

---

①一つ一つを「強く」していく（例：耐震補強、高い堤防をつくる。）
②壊れない所に移動させておく（例：津波が来ない高台に家を移転。地震
　が来ないところに発電所を移す。）
③一部が壊れても、すべてが壊れないようにするために複数つくっておく
　（例：非常階段をつくる。道路をもう一つつくる。発電所を複数つくっ
　ておく。）
④すぐに助けにいけるようにする（例：救援部隊をつくっておく。それぞ
　れの地域の建設業を守る。）

　これらの内、①は比較的思い至りやすいが、②や③、④については必ずしも
そうではない。したがって授業では、②や③、④についても思いが至るような
適切かつ自然な誘導が肝要である。

　ただし、こうした取り組みのすべては、人々が災害の危機に気付いていなけ
れば一切始めることはない。したがってこれらの取り組みに先立って最も大切
なのは、人々が災害のことを知り、より深くその内実を想像しておくことであ
る。そのためにも、さまざまな機会を通して災害の知識を広く知らしめていく
ことが必要なのである。

防災まちづくり・くにづくりの基本は、まちづくり・くにづくり

　以上、ステップ1、ステップ2という段階から構成される防災まちづくり・くにづくり学習の「方法」を述べたが、その方法は、政府が今進めている「防災まちづくり・くにづくり」の取り組みそのものである点を、ここに付記しておきたい。今政府では、国会で成立した基本法（国土強靭化基本法）^(注1)に基づいて巨大地震等を想定しつつ、それによってどれだけ深刻な事態が生じ得るのかをしっかりと想像し（ステップ1）、それに基づいて、具体的にどうするかを考え、実施していく（ステップ2）という取り組みを進めている。

　したがって、子どもたち一人ひとりに実際に今、政府・行政が行っている取り組みを、子ども目線で考えてもらおうとするのが「防災まちづくり・くにづくり学習」なのだといえるのである。

　そしてこうしたかたちで「防災まちづくり、防災くにづくり」に子どもたちに実際に主体的に関わってもらうことができれば、教育目標である、子どもたちの「まち」を守る力、つくる力を育むことができるものと期待できる。

　そもそも、「まち」とは「みんなで生きる場」である。だから「まちをつくる力」は実は「みんなで生きる力」そのものなのである。

　実際、ゲーテの代表作『ファウスト』のラストシーンは、まさにこの「防災まちづくり・くにづくり」を取り扱ったものであった。この物語では、ファウストという学者が「美しいものを見せてくれ」と悪魔メフィストフェレスに頼み、そして本当に美しいものを見せてくれたら「時間よ、止まれ！　お前は美しい！」と叫ぶのと同時に、悪魔に魂をくれてやる、という契約を結ぶ。契約後、何十年もさまざまなあらゆる「美しいもの」を見せられるのだが、ファウストは一向に満足しない。だが、ファウストは晩年、年老いたとき、人類の最高の素晴らしい美と感ずるものに触れ、ついに「時間よ、止まれ！　お前は美しい！」と叫ぶ。

　そのときファウストが触れたものとは何かといえば、それは、人々がみんなで協力をして行う「防災まちづくり」（あるいは、住処づくり＝土木の取り組み）をやっている姿だった。この荒々しい自然の中で、自分たちが暮らしていくまちをつくるために堤防を築き、自分たちが暮らす土地をつくりあげるその姿だったのだ。

第1章 「防災まちづくり・くにづくり学習」の目標と方法

　つまり——ゲーテが『ファウスト』で言いたかったことは、みんなで協力して、大自然の中で自分たちの暮らしの住み処をつくりあげる土木の姿、防災まちづくりの姿こそが、どんな宝石よりも恋愛よりも芸術作品よりも人間のなし得るすべての行為の中で最も美しい姿なのであり、それにはどれだけ美しい夕日であろうが風景であろうがモーツァルトの音楽であろうが、何ものも優ることはできない——ということだったのである。そして、そのことがヨーロッパ史における最大の知の巨人といわれたゲーテの最終的な結論だったのである。

　ファウストが、あるいは、知の巨人ゲーテが生涯を賭してたどり着いた地点に子どもたちをそれぞれの教師の力で近づけてあげ、最終的に到達させてあげること——それこそが、「防災まちづくり・くにづくり学習」の心だということもできるであろう。そして、そんなふうにして一人ひとりの子どもたちの「生きる力」「他を守る力」を「防災」という切り口で育むことができれば、各地のまち、そして、日本そのものが、強く、しなやかで、美しいものとなっていくに違いない。

　だからこそ、災害大国日本では、防災まちづくり・くにづくり学習が、単に防災の点のみならず、強くたくましい子どもたちを育て、それぞれのまちと日本という国そのものを強くたくましく美しく仕立てあげていくために求められているのである。

　ついてはぜひとも、一つでも多くの地域、学校で、この防災まちづくり・くにづくりの取り組みが展開されることを、心から祈念したい。

注
（注1）強くしなやかな国民生活の実現を図るための防災・減災等に資する国土強靱化基本法（法律第95号）。平成25年12月4日成立。平成25年12月11日公布・施行。

「稲むらの火」から考える目指すべき「防災まちづくり・くにづくり」

副読本『「防災まちづくり・くにづくり」を考える』には、あるべき、目指すべき「防災まちづくり・くにづくり」を象徴する『稲むらの火』という物語の概要が紹介されている。以下にその概要を紹介する。

―――安政元年（1854年）、安政南海地震が紀州藩広村（現在の和歌山県有田郡広川町）を襲った。このとき村の高台に家を構えていた村の庄屋・濱口五兵衛（のちの梧陵）は、「ただごとではない」と気付く。自分の家の庭から、下の村を見おろしたところ、村では、豊年を祝う宵祭の支度に心を取られて、地震にすら気が付かないもののようであった。

そして彼は海の様子を見て気付く。「大変だ。津波がやってくる」。このままにしておいたら、四百の命が、村もろとも一のみにやられてしまう、もう、一刻もぐずぐずしてはいられない。

そこで彼は「よし」と叫んで、家へかけ込み、大きなたいまつを持ってとび出してきた。そこには、取り入れるばかりになっているたくさんの稲束が積んである。

「もったいないが、これで村中の命が救えるのだ」と、その稲むらの一つに火を移した。風にあおられて、火の手がぱっとあがる。一つまた一つ、五兵衛は自分の田のすべての稲むらに火をつけた。

村人たちはその大きな火に気付く。「火事だ。庄屋さんの家だ」と村人たちは急いで山手へかけ出した。やっと二十人ほどの若者が、かけあがってきて、すぐ火を消しにかかろうとすると五兵衛は大声で言った。「うっちゃっておけ。―――大変だ。村中の人にきてもらうんだ」。村中の人は、おいおい集ってきた。

するとほどなくして大津波が村を飲み込んでいった。その様子を見つめていた村人たちは、程なくしてはじめてわれにかえった。そしてこの火によって救われたのだと気が付くと、ただだまって、五兵衛の前にひざまづいてしまった。

出典：『文部省 小學國語讀本 巻十 尋常科用』（pp.52-59, 1937）を現代文に調整

第2章
防災まちづくり・くにづくり学習の可能性

唐木清志
（筑波大学人間系准教授）

これまでの防災教育とこれからの防災教育

　日本は外国と比べ、地震・土砂災害・火山噴火など、自然災害が発生しやすい国土を有している。毎年のように大きな自然災害が発生し、多くの方々が命を落としている。このために、学校における防災教育の役割が極めて重要とされ、今日までさまざまな教育実践が展開されてきた。

　これまでの防災教育は、「命を守る教育」が中心であった。東日本大震災で多くの児童生徒が亡くなるという悲劇は、われわれの記憶に新しい。命の重さに違いはないとはいえ、子ども・若者が命を落とすことは何としても避けなければならないことである。それは世界および国家にとって大きな損失ともいえる。そこで必要とされるのが、命を守る教育としての防災教育である。例えば、地震が発生したらどうやって安全に逃げるのか、防災マップで確認したり、場合によっては防災マップを作ったりと、東日本大震災以後、学校における防災教育にはさまざまな個性的な実践が誕生した。防災教育といえば避難訓練しか思い浮かばないという以前の状況に比べれば、それは格段の進歩といえる。子ども・若者は将来、防災教育を通して育まれた防災に対する意識や能力を、さまざまな生活場面で生かしてくれるに違いない。

　しかし、これからの防災教育は、このような命を守る教育だけでは不十分である。そもそも防災教育には、命を守る教育以外にもさまざまな教育可能性が潜んでいる。それを引き出して効果的に活用することで、防災教育は学校教育の未来を切り拓く「切り札」にもなり得る。その際のキーワードの一つが、本書で提案する「防災まちづくり・くにづくり学習」である。

「創造的復興教育」の意義と課題

　ここに興味深い一冊がある。『希望の教育：持続可能な地域を実現する創造的復興教育』（以下『希望の教育』と略称）、著者は「文部科学省（創造的復興教育研究会）」である^(注1)。東日本大震災と防災教育を関連付けた書籍や報告書は、今日数多く発行されている。そのような中で本書の特徴は何よりも、文部科学省が著者であるという点にある。文部科学省の有するネットワークをふんだんに活用し、数多くの教育実践を東北各地より収集したうえで同書は編集されているため、紹介されている実践の多様さと地域的広がりは、他書との比較からも優れているといえる。そして、さらに注目すべきは「創造的復興教育」という考え方である。この考え方は、本書で提案する「防災まちづくり・くにづくり学習」にも通ずるところがある。

　創造的復興教育は「復興教育」とはニュアンスを異にする。今では復興教育も多義的に考えられており、創造的復興教育との差異が判別しづらくなっている。しかし、そもそも復興教育といえば、壊れてしまった学校を元通りにしたり、新たな学校を建設したりして、震災以前の教育活動を取り戻すことを意味していた。それに対して創造的復興教育では、ともするとかたちだけ元通りにすればそれで終わりとなってしまう復興教育をさらに一歩、二歩と前進させ、将来にわたり持続的に発展し続ける地域を、子ども・若者を含めた地域住民が協働して作り上げていくことを理想に掲げ、その実現に関連する教育実践を展開することを主たる目的としている。

　『希望の教育』では、さまざまな教育実践が紹介されている。例えば、福島県伊達市の「伊達の恵ゼリー」の取り組みでは、原発事故による風評被害に苦しむ地元の農家を救おうと、伊達市の中高生がJA伊達みらいと協働して、地元のフルーツを活用したゼリーの商品開発を進め、販売にまで漕ぎ着けている。また、宮城県女川市では、中学生が地域のみんなの思いを集めて東日本大震災の被害を後世に語り継ぐという趣旨から、募金を集めて石碑を作る「いのちの石碑プロジェクト」が開始され、今日に至っている。この他にも『希望の教育』では多くの教育実践が紹介されているが、そこには共通して、創造的復興教育の４つの要素が含まれている。それは、「①持続可能な地域づくりに貢献できる人材の育成を目指している」「②学校外での活動も含めた、能動的・創造的

な学びを重視している」「③地域・NPO・大学等の多様な主体と協働し、充実した教育環境の構築を図っている」「④地域復興の歩みを学びの対象とすることで、相乗効果が生まれ、結果として地域復興を後押ししている」である[注2]。

『希望の教育』の提案する創造的復興教育の意義は極めて大きい。極限の状態で誕生したその教育実践は、戦後混乱期に日本に民主主義教育を根付かせようとした教育関係者の真摯な努力にも似ている。未来社会を創るのは他ならぬ子ども・若者であるという理念に立脚し、「表現と共有から学ぶ」「対話と協働から学ぶ」「企画と挑戦から学ぶ」という学習者主体の新しい学びを学校教育や地域教育に根付かせようとする姿勢に、多くの人々は共感をするだろう。『希望の教育』に収められた教育関係者の声の一つに、「これまで、いわきの学校は教科中心の教育を提供する場でした。それはそれで大切なことですが、震災後は、生徒の可能性を押し広げ、その学びを豊かにする体験の機会をつくる場づくりに力を入れるようになりました」[注3]というものがある。これは創造的復興教育が目指すところを端的に言い表した一節である。

一方で、この創造的復興教育の取り組みには課題も残されている。そして、その課題を克服し、創造的復興教育の可能性を拡げるべく本書で提案するのが、他ならぬ「防災まちづくり・くにづくり学習」である。

創造的復興教育の課題を、3点にまとめておきたい。課題の1つ目は、創造的復興教育の考え方なり教育実践なりが、東日本大震災に関するものに限定されており、その応用が期待されるにもかかわらず、全国各地のさまざまな防災教育などへは未だ十分に生かされていないということである。もちろん、創造的復興教育は文部科学省の「東日本大震災からの復興」[注4]支援事業の枠組みで構想・実践されているため、そのような地域的・内容的な限定性は仕方のないことではある。しかし、これは極めて残念なことであろう。創造的復興教育の志向する教育実践を、防災教育全体の発展に役立てていくことが今日強く求められている。また、2つ目の課題は、現在東北各地で展開されている創造的復興教育はともすると、特定の地域あるいは特定の学校（教室）における散発的な取り組みで終わってしまうことも少なくなく、教育実践の体系化と継続化という点で課題が残るということである。優れた教育実践に見られがちな、管理職や担当教員が異動になると同時に教育実践も学校から姿を消すという課題

を、果たしてこの創造的復興教育は回避できるのであろうか。『希望の教育』には「持続可能な地域を実現する創造的復興教育」という副題が付けられている。持続可能な地域を実現するために必要なことは、地方自治体による復興計画の枠組みに教育実践が明確に位置付けられることである[注5]。そして、3つ目の課題は、創造的復興教育はいわゆる「まちづくり」を中心とした教育実践であるが、防災に関する取り組みは「くにづくり」との関連も深く、創造的復興教育にはこのくにづくりの視点を生かした防災教育が十分に含まれていないということである。政府は「国土強靭化（ナショナル・レジリエンス）」構想を推進している。このようなくにづくりの全体の枠組みの中に、防災教育を明確に位置付けていくこともまた重要なことであろう。

さて、以上の課題を念頭に置き、ここで改めて「防災まちづくり・くにづくり学習」を定義しておきたい。それは、「地震を含むさまざまな自然災害から命を守るとともに、自然災害に対して安心・安全なまちやくにを創り上げることを目指して、さまざまな人々と積極的に協働できる能力や資質を高めようとする学習」と定義できる。防災まちづくり・くにづくり学習を学校教育に根付かせることは、学校を市民育成の場と捉え直すことへとつながる。

土木と学校教育の接点で構想される「防災まちづくり・くにづくり学習」

防災まちづくり・くにづくり学習を学校教育で推進していくためには、土木の役割が重要となる。しかし、両者の間にはこれまで、土木の側から学校を見ても、学校の側から土木を見ても、どちらから見ても意識の高い壁が存在し、その連携を困難なものとしてきた。その結果、両者の連携は専門高校の土木科の授業改善など、極めて限定的な協力にとどまっていた。しかし、近年、このような限定的な連携が見直され、「土木と学校教育フォーラム」[注6]の実施などを通じて、土木と学校教育の接点がさまざまに模索されるようになっている。

土木と学校教育が共通に目指すもの

土木と学校教育の接点を探るうえでまず、「シティズンシップ教育（Citizenship Education）」に触れておきたい[注7]。土木の英語表記は"Civil

Engineering"である。そして、その内容は「市民の文明的な暮らしのために、人間らしい環境を整えていく仕事」[注8]である。土木でイメージされる道路やダムは、市民の「文明的な暮らし」「人間らしい環境」を整えるための社会資本であり、それを構築するのが土木の役割というわけである。一方で、学校教育の役割といえば、これまで「人格の完成」と答えるのが一般的であった。それに加えて近年では、社会の形成に主体的に参画できる人間の育成という観点が注目されている。市民の協働性を高め、市民参加型社会を実現しようとする社会からの要求に、教育基本法と学校教育法の改正というかたちで答えた結果が、「社会参画」の観点より学校教育の目標を捉え直すことになったわけである。このように土木も学校教育も、豊かで安心・安全な市民社会の実現を念頭に置いている点で同じである。そして、その実現を可能にする（小学生から大人までの）人材の育成に重きを置いている点も同様といえる。ここに、両者が「シティズンシップ教育」で連携できる可能性が生まれる。高等学校における教科「公共」の動き、それ以前からあったシティズンシップ教育推進の動き[注9]、こういった新しい教育の推進に、土木からの知見はさまざまに役立つに違いない。

　次に、「アクティブ・ラーニング（Active Learning）」に触れる。学校教育の授業改革を巡り、昨今注目されているのが、このアクティブ・ラーニングである。この定義は、以下のようになっている。すなわち、「教員による一方的な講義形式の教育とは異なり、学修者の能動的な学修への参加を取り入れた教授・学習法」[注10]である。具体的には、問題解決学習や体験学習、ディベートや協同学習などが、これに該当する。講義形式の授業で、学習者が学習意欲を減退させ、学校教育で育成すべき能力や資質が十分に育成できぬままになっていることは以前より指摘されてきた。もちろん、そのような危機感を持って授業改善にあたってきた教員はたくさんいる。しかし、それがすべての学校のすべての教室に行きわたっているというわけではないため、今回文部科学省が先導役となって、その学習の推進にあたろうとなったわけである。土木と学校教育の接点で構想・実践された教育実践は、そのほとんどがアクティブ・ラーニングの要素を含んでいる。児童生徒は授業の中でさまざまなワークショップを体験し、価値判断や意思決定の機会を与えられる。土木といえば公共事業、行政と市民の隔たりをひたすら強調する報道も見られるが、実際にはこのような

ワークショップを通じて、行政と市民が協働する回路もしっかり準備されている。本書に収められた教育実践において、以上のことを確認してほしい。そこでは、教室に現実社会を持ち込む意義なり方途なりがさまざまに語られている。

「防災まちづくり・くにづくり学習」の構想

　では、実際に土木と学校教育の接点で、どのような「防災まちづくり・くにづくり学習」を構想できるのだろうか。

　現在のところ数多くの教育実践を収集し、体系化を図る途上にある「防災まちづくり・くにづくり学習」である。そのため、ここで授業モデルを示すことは、学習の画一化を進める恐れもある。しかし、そのような課題を承知のうえで、あえてここでモデルを示すのは、防災まちづくり・くにづくり学習の目指す方向性を共通に理解してほしいからである。

　次の図表Ⅰ-2-1は、防災まちづくり・くにづくり学習の授業モデルである。

　防災まちづくり・くにづくり学習は、問題解決学習を基本に構想されるべきである。それは、「Ⅰ. 知る」「Ⅱ. 調べる」「Ⅲ. 計画する」「Ⅳ. 参加する」の4段階から構成される。問題解決学習はPBL（Project-Based Learning）として構想されるため、このような段階性をたどる。ただし、ここに示したのは一事例に過ぎず、その段階および内容はより多様に考えられてよい。

　防災まちづくり・くにづくり学習の第1段階は、「知る」段階である。地域には、防災や減災に関するさまざまな取り組みがある。東日本大震災以後、地方自治

図表Ⅰ-2-1　防災まちづくり・くにづくり学習の授業モデル

Ⅰ	Ⅱ	Ⅲ	Ⅳ
防災に関する地域の取り組みを「知る」	取り組みを一つに絞り込み関連する情報について「調べる」	地域の人と協力しながら地域にとって望ましい取り組みを「計画する」	防災まちづくり・くにづくりに「参加して」防災文化の創造に努める

体は地域の実態に即し、これまでの防災・減災対策を見直して、新たな対策を立案・実行している。学校もまた、文部科学省等から提出されたさまざまな手引書を参考に、書架等の転倒防止に努めたり、自然災害発生時に、児童生徒が安全に避難できる避難ルートの確保に留意したりしている。個々の家庭でも、同様の防災・減災対策が試みられているだろう。児童生徒にとって地域・学校・家庭は、生活空間そのものである。学びの場でもある生活空間から、防災・減災に関わる「問題」を、児童生徒は発見することになる。

　次に、第2段階として、児童生徒は「調べる」ことになる。地域には防災・減災に関わる問題が複数あることを先に述べたが、児童生徒はこのうち一つを選び、その内容を丹念に調べることになる。個人で調べることもあるし、小集団で調べることもあるだろう。数時間の小単元で授業を計画した場合には、この段階は省略され、教師によってあらかじめ準備された教材が児童生徒に直接提示されることもある。しかし、その場合であっても、資料から必要な情報を正確に読み取ることが大切にされるべきであり、読み取られた情報は教室で十分に共有されなければならない。昨今の防災教育では、正確な情報に基づいて自らの命を守り、防災まちづくり・くにづくりを考える授業が重視されている。

　さらに、第3段階として、児童生徒は「計画する」ことになる。問題を「知り」、問題について「調べる」段階をたどった児童生徒は、まちづくりやくにづくりに関してどのような手立てが有効であるかを考え、発表し合うことになる。この計画に際して必要となるのが、価値判断力である。防災・減災に関して今日考えられている政策は多様であり、その中には政策相互で対立するものもある。財源は限られており、すべての政策を実施することは不可能であるため、ある価値基準に照らして、自律的かつ現実的に判断することが児童生徒にも求められる。例えば、震災後のまちづくりを構想するにあたり、ある児童は「命を守る」という観点から、高台に新たな住宅地を建設することを最優先すべきだと主張するかもしれない。また、ある児童は「地域の発展」という観点から、地場産業や農業・水産業の振興が大切だと主張するかもしれない。主張の違いを認め合い、合意形成へと向かう努力が大切にされるべきである。

　こうして、最終の第4段階として、児童生徒は「参加する」ことになる。社会科をはじめとする教科で、ここに提案する防災まちづくり・くにづくり学習

を実践した場合、この第4段階（「参加する」）を実行するのは困難かもしれない。学習指導要領で内容が規定され、他教科に影響を及ぼさないように時数オーバーを回避することが大前提となっている教科の学習では、児童生徒の体験学習を組織するのが難しいからである。現実的には、総合的な学習の時間や特別活動を有効活用し、児童生徒の活動を保証する必要がある。また、具体的な参加としては、地域の防災・減災の活動に協力することや、児童会・生徒会活動の一部に含め校内の取り組みとして展開すること、児童生徒の立案した防災・減災対策を行政職員をはじめとする地域の方々に提案し、今後の政策づくりに生かしてもらうことが考えられる。この過程を経ることで、児童生徒の社会参画意識は高まり、彼らはまちづくり・くにづくりの主体として成長を遂げる。

　本書で取り上げている授業実践が、以上のすべての段階をたどっているわけではない。しかし、その一部を機能的に取り入れ、限られた時数の中で、多様な防災まちづくり・くにづくり学習を展開していることは事実である。

「防災まちづくり・くにづくり学習」を進めるにあたっての留意点

　防災まちづくり・くにづくり学習は、新しい学習である。したがって、その実施にあたっては、いくつかの留意点が必要になる。

　第一の留意点は、防災まちづくり・くにづくり学習を教育課程の中に明確に位置付けることである。すでに多くの学校では、防災教育を学校教育活動の柱に掲げ、学校ぐるみで教育実践を展開している。しかしその取り組みの多くは、総合的な学習の時間あるいは特別活動（児童会・生徒会活動や学校行事等）に限定的なのが現状である。教科で防災まちづくり・くにづくり学習をどう展開するのかが、次の課題となる。例えば、社会科である。小学校であれば小学校5年生に位置付けられている国土学習において、中学校であれば地理的分野の身近な地域の学習において、これまでの授業実践を振り返り、防災まちづくり・くにづくり学習の導入に努めていただきたい。体験は知識・理解の支えがあって、初めて充実したものとなる。両者の統合が目指されるべきである。

　第二の留意点は、地域との連携を図ることである。東日本大震災の教訓の一つは、児童生徒の命を守るのに、学校と地域の連携が必ずしも有効には機能しなかったということである。安心・安全なまちづくり・くにづくりに関する学

習を進める過程で、両者の強固な連携を構築してほしい。また、文部科学省は「地域とともにある学校づくり」を推進するため、コミュニティ・スクール（学校運営協議会制度）の導入を薦めている。防災まちづくり・くにづくり学習は、このようなコミュニティ・スクール構想にも効果的に役立てられるであろう。学校と保護者・地域の人々の協働なくして、防災まちづくり・くにづくり学習を成立させることは難しい。

　そして、第三の留意点は、「まちづくり」と「くにづくり」の両面を常に意識して、その統合に努めることである。防災まちづくり・くにづくり学習の特徴は、「くにづくり」の観点にある。地震をはじめとする自然災害の対策は、地域レベルと同時に、国レベルでも考えられている。なぜなら、自然災害の被害は地域を超え、都道府県を超えて、広範囲に広がる可能性が高いからである。防災教育は、まちづくりのレベルで構想・実践されるのが一般的であろう。「釜石の奇跡」が、典型的な事例である。しかし、まちづくりは実際には、国との連携がなければ成立しえない。「まち」と「くに」の連携を意識した先に、防災まちづくり・くにづくり学習が成立することを忘れてはいけない。

防災学習にグローバルな視点を取り入れること

　本稿を終えるにあたり、最後に、まちづくりとくにづくりの先にある、グローバルな社会づくりに触れておきたい。

　一つの自然災害の被害が複数の国家にまたがって及ぼされることは容易に考えられることだろう。そもそも地震も台風も、国家を意識しながら発生するわけではないので、それは当然のことといえる。また、東日本大震災に際して、海外のさまざまな国家や人々から多くの支援を受けたことは、日本国民であれば誰もが知っている。これは東日本大震災に限ったことではなく、今日世界各地で起こっている自然災害に関しては、国家・国籍に関係なく、助け合うのがもはや世界の常識となりつつある。経済や文化のグローバル化が進む一方で、防災や減災に関しても、グローバル化は確実に進んでいる。この観点を含んで、防災まちづくり・くにづくり学習は展開されなければならない。

　この際、ESD（Education for Sustainable Development／持続可能な開発のための教育）の考え方が役に立つ。ユネスコの提唱する ESD では、5 つの学

習を大切にしている。すなわち、「知ることの学び（learning to know）」「存在することの学び（learning to be）」「共に生きることの学び（learning to live together）」「為すことの学び（learning to do）」「自分自身を変え、社会を変える学び（learning to transform oneself and society）」である。このような観点で、防災まちづくり・くにづくり学習をもう一度見直していただきたい。まちづくりもくにづくりも、そして、グローバルな社会づくりも、持続可能な開発として、大人と子どもが協働して進めるべきものである。

注

（注1）文部科学省（創造的復興教育研究会）『希望の教育：持続可能な地域を実現する創造的復興教育』東洋館出版社，2014.

（注2）前書，pp.138-142.

（注3）前書，p.182.

（注4）詳細は、文部科学省サイト（http://fukkokyoiku.mext.go.jp/fukko.html）（2015.6.28確認）を参照されたい。

（注5）東北三県の「いわての復興教育プログラム」「宮城の教育の復興に向けて」「福島県復興ビジョン」の今後には大いに注目しておきたい。創造的復興教育が県の復興計画に明確に位置付けられたままで、今後の学校教育活動が展開されていくことを強く期待する。

（注6）「土木と学校教育フォーラム」は、土木学会（教育企画・人材育成委員会）内に設置された「土木と学校教育会議」検討小委員会によって運営されている。2009年に第1回のフォーラムを開催後、年1回のペースで今日まで開催が継続されている。初等中等教育に土木の理念・内容・方法なりを生かすことを目的に、土木と学校教育の専門家が集まり、研究発表や事例報告を行っている。

（注7）諏訪清二は「市民性を育む防災教育」という言葉を使用して、「Survivorとなる防災教育」→「Supporterとなる防災教育」→「市民性を育む防災教育」という段階性に触れている（矢守克也・諏訪清二・船木伸江『夢見る防災教育』晃洋書房，2007，p.157）。本書とも通じるところがあり、興味深い主張である。また、以下の文献も参照されたい。谷口和也『防災教育を通じた市民性育成のための教育』東北大学大学院教育学研究科，2012。

（注8）土木学会『「土木」という言葉について』（パンフレット）。

（注9）以下の文献を参照されたい。唐木清志・岡田泰孝・杉浦真理・川中大輔監修（日本シティズンシップ教育フォーラム編）『シティズンシップ教育で創る学校の未来』東洋館出版社，2015。

（注10）文部科学省『用語集』（中央教育審議会「新たな未来を築くための大学教育の質的転換に向けて〜生涯学び続け、主体的に考える力を育成する大学へ〜」）2012，p.37.

第3章
安全な社会をつくるために
防災教育に求められること

河田惠昭

（関西大学社会安全研究センター長・教授）

歴史の転換点に大災害あり

　もし今、首都直下地震や南海トラフ巨大地震が起これば、決して誇張ではなく日本が潰れてしまう可能性を否定できない。なぜかといえば、歴史を振り返ればそうした事例が存在しているのである。江戸末期、幕藩体制が維新政府になったのは、内圧と外圧によってそうなったのだ、と私たちは歴史の時間に教えられている。内圧というのは倒幕運動であり、土佐藩、長州藩、薩摩藩を中心にして幕府を倒そうという運動が活発化していた。外圧というのは1853年のペリーの黒船の来航である。アメリカに開国を迫られ、フランスにもイギリスにも開国を迫られる。これらの内圧と外圧によって幕藩体制が潰れて、明治維新政府になった、と説明されている。しかし、こうした見方には重大な歴史的事実の存在が見落とされているのである。日本の歴史学者は社会的なことだけで時代が変わっていると錯覚しているのではないだろうか。

　その歴史的な事実とは3つの大災害であり、それによって江戸幕府が疲弊し、幕藩体制の崩壊へとつながったことが考えられるのである。まず、1854年12月の安政の南海トラフ地震である。M8.4の東海地震の32時間後にM8.4の南海地震が発生し、約3万人が死亡したといわれている。昔は天皇陛下が崩御されなくても、災害や疫病などの不吉なことが起これば年号は改められることがあり、安政東海・南海地震が現実に起こったのは嘉永7年であったものの、この年号がよくないというので改元されて安政になったということもあった。

　またその翌年、わずか11カ月後には東京で首都直下地震が起きた。安政江戸地震と呼ばれており、約1万人が亡くなって1万4,000棟が全壊・倒壊した。さらにその翌年、1856年9月に今度は、大型の台風が東京湾に上陸して、高

潮と暴風雨で15万棟、当時の江戸にあった家の約80%が被害を受けた。こうしたトリプル・パンチを受けて、政権が変わったのである。

　しかし、現在、例えば高校教科書の日本史の年表を見るとどう書いてあるかといえば、1854年下田大津波、1855年藤田東湖死す。藤田東湖とは水戸藩の家老であり、江戸藩邸が直下地震で倒壊し、死亡した。江戸幕府では側用人であった彼の死は幕府運営にも支障を来たしたはずであるが、これではいかに自然災害が大きな影響を与えていたかが伝わらない。

　海外に目を向けても、バングラデシュは1970年の、台風やハリケーンと同じ種類の熱帯低気圧であるサイクロン災害で50万人が亡くなった。25万人が高潮で溺れ死に、25万人は飲み水がなくて溜まり水を飲み、コレラや腸チフス、ジフテリア、感染症で亡くなった。その際に、西パキスタンが東パキスタンにきちんと援助しなかったために、東パキスタンと西パキスタンの間に独立戦争が起きてできたのが現在のバングラデシュである。

　このように、大きな災害というものがその社会に与えるインパクトというのは、軽視してはいけないものなのである。

日本の崩壊は絵空事ではない

　そうした中で現在、東日本大震災が復興の途についているが、復旧・復興は10年以上かかることが考えられる。単純に考えても、被害額が9兆8,000億だった阪神・淡路大震災が復興に10年かかっていることを考えると、16兆9,000億も被害が出ている東日本大震災が10年で終わるわけがない。しかも、阪神・淡路大震災はバブル崩壊後で経済の停滞が始まりつつあった時代ではあったが、現代はそれにも増して経済が活発でない。やっとデフレ脱却の兆しが少し見えたかという状況にあっては、10年以内に復旧・復興が終わるわけがない。しかも、福島第一原発の問題もあって、すでにダブル・パンチまで受けている。もしそうした復興もままならない間に、首都直下地震や南海トラフ巨大地震が起これば、それこそダブル・パンチ、トリプル・パンチどころの話ではなく、日本が立ち行かなくなる危険性がある。アジアにおける指導的地位からの脱落は必定である。これは決して絵空事ではないのであり、政府の方も少しはそれを理解しており、対策が急がれている。

南海トラフ巨大地震の脅威

　2012年8月に南海トラフ巨大地震の被害想定が見直された。とんでもない数字になっており、津波による死者は23万人、地震による死者は8万人、火災による死者は1万人で、合計32万人の人的被害が予想されている。

　そして、日本の国土のおよそ半分、居住人口でいえば6,500万人つまり日本の人口の半数以上が、震度5弱以上が予測される地域に住んでいる。すなわち、日本人の半数以上が一度に被災者となり得る事態が考えられるのである。

　そして、現在の住宅の耐震化率は79％である。年々よくなってはいるものの建替えと新築でよくなっているだけである。年金生活をしている高齢者が亡くなったら、住宅を建替え、それで耐震化率が見かけ上上がる。こんな無情な数字はない。

　国土交通省の補助金も1棟丸ごとしか対象にしておらず、部分改修が対象になっていない。台所とか茶の間の、壁1枚ずつなら5万円くらいで耐震補強できるし、少しずつお金を貯めて10年かけて徐々に耐震補強するということでいいではないか。防災・減災には特効薬があって、それを飲めば被害が半分以下になるような、そのような魔法みたいなものはないということをきちんと理解しなければならない。部分改修を補助対象にすれば行政側で仕事が増えるだろうが、自分の親が古い家に住んでいてそれが危ないとなったら、部分的でもいいからとにかく補強しようと思うのが当然であろう。そうしたものの継続的な積み重ねでしか、この国は強くならないのである。それができないということは、政治・行政の側も結局は、他人事としか考えていないのであろう。

南海トラフ地震が引き起こす津波の恐怖

　揺れがそれほど大きいことはなくても海底の土砂が大量に動いて、津波が起きる。東日本大震災ではなぜあのような大きな津波が起きたかといえば、プレート境界地震と津波地震が重なったからであり、前者のみの地震は江戸時代から平均すると37年に1回起こっている。そして、揺れが先行する津波（近地津波という）は、わが国では6時間継続することがわかっている。こうした情報の理解を広げなければならない。東日本大震災でも千葉県の旭市、九十九里浜のある所であるが、ここでは津波によって18人が命を落とした。最初はちゃ

んとみんな逃げていた。第1波、第2波と来たがそれらが小さかったため、も
う大丈夫だろうと多くの人が家に帰った。そこに、地震発生から2時間半ほど
経った17時半ごろ、第3波で一番大きな6.5mの津波が来て、2階建ての家も
ろとも津波でやられてしまった。もう来ないだろう、なんて勝手なことを考え
て帰るとそうなってしまう。知識が命を助けてくれるのである。

　そして、南海トラフで特に大きな津波が予想されている高知市は、津波が来
る以前に、地震が起こった瞬間にまち全体が2m沈下するのである。1946年
12月に起きたM8.0の昭和南海地震でも1.2m沈下し、当時も高知市街は津波
が来る前に水没していた。今度はそこに、およそ7～15mの津波が来て、現在、
約35万人が住んでいる。これは江戸時代にどんどん埋め立て、元々海であっ
たところを人間が取り上げた土地であり、それを海が取り返しに来るのである。

　あるいは東日本大震災では、津波が来るまでに岩手県で25分、福島県では
50分の時間があり逃げることができた。ところが10m以上の津波の来襲が予
想される静岡県では、津波襲来までの時間も短く、安全なところもなく逃げる
ことができない。例えば焼津では一番高い場所といえば東海道新幹線の盛土で
あるが、鉄条網で入れないようになっている。しかしいざとなれば大挙して盛
土の上に逃げるほかなく、地震で新幹線は止まっているから、JR東海との交
渉をして避難できるようにしておかねばならない。津波避難タワーなどといっ
ても全然足りないし、高齢者がすばやく登れるわけがなく、東日本大震災以上
にきびしい状況が予想されるのである。

「稲むらの火」の津波描写の誤解

　津波防災を伝える伝記としては「稲むらの火」が有名であり、戦前10年間
教科書に掲載されていた。この度、64年ぶりにその続編が5年生の国語教科
書にも掲載された。ただし、「稲むらの火」はノンフィクションではなく、フィ
クションなのである。物語の中では主人公が、地震が起きたあとに、潮がどん
どんどんどん沖へ引いていったのを見て尋常じゃない巨大な津波が来ることを
確信したという描写がある。しかし、これは一般的でない。巨大な津波の前に、
潮が大きく引くこともあるが、必ずしも潮が引くわけではない。それにもかか
わらず、未だに津波が起これば海岸に、あるいは港に潮が引くのを見に来る人

がいるし、逃げるのは潮が引くのを確認してからでいいとさえ考える人もいる。それは、この「稲むらの火」にも原因があり、一般的でないことを事実のように書くことが許されてはいけない。続編の「百年後のふるさとを守る」は、全国の5年生70万人が使っている。8年間で少なくとも560万人の5年生がこの教科書で勉強する。津波の本当の姿をきちっと学ぶことが必要なのである。

「津波てんでんこ」を美談にするな

東日本大震災では犠牲者のほとんどが津波で亡くなった一方で、避難すれば助かっていた命もたくさんあったはずである。道路が通れなかったということはほとんどなく、つまり人々は逃げなかったのである。実は岩手県の場合、1933年3月3日の昭和の三陸津波と今回の津波で死亡率は全くといっていいほど変わらなかったのである。一体、80年間何をしていたのだと言いたくもなる。

東北地方には防災教訓として「津波てんでんこ」なるものが伝わっていたと言われることもしばしばある。しかし、これは1991年に、田老町で行われた第1回全国市町村津波サミットで、津波災害史研究家の山下文男氏が話をしたのが始まりである。彼が小学校3年生のとき、昭和の三陸津波が起こった。そのとき、勝手に逃げた父親に対して母親が、一人で逃げた非情さをなじった。それに対して父親が、「津波はてんでんこなんだ」、と言ったという逸話を彼が紹介した。それがいつの間にか昔から伝わっているような、「津波てんでんこ」という伝承になった。東北の地に、本当に「津波てんでんこ」という言葉が根付いていれば、あれほどにも多くの犠牲者は出なかったはずである。みんな高を括って逃げなかったのであり、伝承により命が救われたというきれいごとに収めてはいけない。現実はもっときびしいということを隠してはいけない。

首都直下地震の脅威

南海トラフ巨大地震と同様に対策を進めねばならないのが首都直下地震である。何が一番困るかというと過密である。新宿駅だけで1日428万人の乗降客がおり、数百万の人が絶え間なく動き回っているにもかかわらず、東京都防災会議の被害想定では、各駅での死者はゼロなのである。そんなわけはないであ

ろう。

　あるいは、広域長時間停電による通信機能の麻痺、水、食料、燃料不足による生活不能などが考えられる。特に関東は関西に比べて井戸が少なく、昔から神田上水や多摩川上水などに頼っており、関西などのように掘っても簡単に水は出てこない。そのため、上水がやられると全く水が不足してしまう。

　さらには不安購買の発生も想定される。東日本大震災でも全国のコンビニから500mlのペットボトルがなくなったが、その比ではないだろう。東京のテレビ局、ラジオ局はすべてキー局であり、東京のことを報道したらそれは全部、全国に広まるのである。東京で食べる物がなくなったと報道されれば、全国に不安も広まり地方でも食べる物がなくなり得るのである。

　特に電気も大変で、原発が全部停まっており供給量に余裕は全然ない。火力発電所は耐震基準が他の発電所に比べても緩く、仮に被害がなくても、震度5強になると自動的に発電機がストップする。そして被害があったかどうかをチェックしてから再稼動するが、これには1カ月以上かかる。東京電力にそんな技術者が何百人といるわけではなく、チームが順番に点検していくしかない。それは例えばエレベーターでも同様であり、1日以上エレベーターの中に閉じ込められることも当然出てくる。また、インターネットのプロバイダは70％が首都圏にあり、それがダメージを受ければインターネットも使えない。

　首都直下地震のような大災害が起きれば略奪も起こるが、警察官などは全然足りないのである。東日本大震災でもがれきの処理にかこつけて重機を持ち出して、潰れたコンビニからATMだけ盗んでいくといった犯罪が多発していたが、そういうネガティブな情報は報道されない。日本人は礼儀正しく略奪など起きないと言われることもあるが、首都直下地震が起これば毎夜真っ暗で、犯罪が起きないはずがない。3日くらい経ったら電気が来るなんて、そんなわけにはいかないということを想定しておかなければならないのである。

災害は、起きていないから安全なのではなく、起きていないから危険なのである

　災害の危険は地震だけではない。首都圏ではゼロメートル地帯が広がっているが、これは自然になったのではなく、都市化する中で人間が地下水をくみ上

げすぎたせいである。人間が都市を、東京を危険なまちにしているのである。そういうところに世界でも有数の地下街を形成している。地上が浸水すれば地下街も地下鉄も一発でアウトである。こんな構造は極めて危険ではあるが、それを経験していないがために、そんなことは起こらないと思っている。だからいざというときに大混乱になるのである。

1947年のカスリーン台風で利根川の堤防が決壊して2,000人が亡くなった。淀川は上流に琵琶湖があるが、利根川はあのような大きな湖がないため、琵琶湖に代わるだけのダムの必要性が言われ始めた。八ッ場ダムはそう考えて計画されたものであるが、ある雑誌には、60年間水害が起こってないから起こらない、などと書いてあり驚きを隠せなかった。これは全く科学的根拠がなく、科学的思考ができていない発言である。大きな災害というのは生きている間に1回起こるか起こらないかくらいのものであり、起こっていないから安全なのではなく、むしろ危険なのである。例えば、奈良市は1300年間直下型地震が起こっていないが、奈良県には大きな活断層が8つある。京都も1200年間活断層が動いていないが3つの活断層が京都盆地を作ったのである。起こっていないから安全なのではなく、歪エネルギーは着実に蓄積されており、むしろ危険なのである。それをきちんと学ばなければいけない。

しかも利根川が氾濫すると浸水区域内の230万人が、荒川の場合には130万人が避難しなければならないが、そのような経験をしたことがない。東京メトロあるいは都営地下鉄が高さ1mの防水板を設置しても、3,000万tの水が地下に入って、97の駅が使えなくなる。東京湾でも高潮が起こると大変なことになるがそうした事態は100年近く起こっていない。特に心配なのが、過去に高潮災害を経験したことがなく、この40年間埋め立てが行われた千葉県沿岸である。経験したことのない災害がこれから起ころうとしているのである。

民主主義とは自分でできることは全部自分でやる制度のことである

そのような経験したことのない、これから起こる災害に備えるためには人々の意識を変えていかなければならず、そのためにはやはり防災教育が重要な役割を果たすであろう。そしてこれは民主主義の成熟と軌を一にしており、民主主義は自己責任の原則である。

一番心配しているのは、気象庁が2014年8月30日から特別警報を出すようになったことで、普通の警報が出たときには、特別警報に比べたらたいしたことはないからと、逃げないのではないだろうか。これまででも、大雨洪水警報が出て避難勧告が出たときには、2000年の東海大水害のときに、愛知県の65万の県民に避難勧告が出て、逃げたのが6万人、10％は逃げていた。それが今は1％を切っている。ほとんどの人にとっては他人事でしかない。たとえ情報を正確、迅速に伝達しても肝心の住民が高を括っており、こうした状況は余程のことがない限り改められないのであろう。

　フランス革命時の政治哲学者J.J.ルソーは言った。「本当に自由な国では市民たちは万事自分の手で行い、何一つ金ずくではすまさない」。一方で、現代日本においては、自分は税金を納めているから防災・減災は行政がやるのが当たり前だと言う人がいるがそうではない。民主主義は、自らできることは全部自分でやるという体制の下に成り立つのである。

　例えば、イギリスのある都市で朝5時ごろにホテルで非常ベルが鳴ったとき、宿泊客は全員、玄関のポーチに集まった。あるいはハワイで深夜に津波警報が発令されたときに、パジャマとかネグリジェ姿でバスに乗せられて全員が避難する。30階建てのホテルに泊まっていても、全員逃げなければいけない。欧米はそういうところが徹底している。しかし、それが日本であれば夜中の非常ベルは必ず間違い、誤報だと思うであろう。みんな他人事で、自分は関係ないと考える。だから日本で深夜にホテルや旅館で火災があると非常ベルが鳴っても必ず犠牲者が出てしまうのである。

　東日本大震災でも、揺れが収まった直後に避難したのはたった57％で、いったん家に帰っている人が31％であった。一度家に帰るということは、近所の人が何とかしてくれるという信頼がないから帰ったのであり、地域コミュニティの崩壊を示唆するものである。そして、津波が来たのを見て逃げたのが11％。一度家に帰った人も含め、すぐに避難行動を取らなかったこの42％を何とかしないと犠牲者は減らない。

　災害情報は、欧米の人には市民の安全にとって必要である一方で、日本では災害情報を政府・自治体が勝手に充実させてきたのだから、それに従うかどうかは個人の自由だ、となってしまう。わが町は公助によって守ってくれて当然

である。ボランティアが支援してくれる。こうした誤った考えを日本人は少なからず抱いてしまっている。

東日本大震災では、他の自治体から1,688人が応援に駆けつけていたがそれでも足りなかった。2015年になっても2,000人を超える地方公務員が応援に行っている。これは、平成の大合併によるところが大きく、3,232あった基礎自治体が1,725に減り、一般行政職員も4割削減された。元々の町役場は支所になり、そのトップは課長であり、意思決定などできるわけがなく、権限もない。全国的にこれをきちんとしておかないと南海トラフにしても首都直下にしても、地震が起これば大混乱を招きかねない。

How to 教育で助かるのはたまたま、Why の教育を

そして、防災教育の目的ははっきりしている。命の尊さ、生きることの大切さを学ぶ。そのために、地震や津波でどんな被害が出るのか、それをどうしたら抑えられるのかをちゃんと学ばなければいけない。

そうした児童生徒に対する防災教育は地域防災の面からも非常に重要である。特に東日本大震災では中学生が大活躍したように、これからの高齢化社会では、地域の中学生をどうやって地域防災の中に組み込んでいくのかがとても重要なのである。

そして、津波の起こり方を学ぶ、津波に弱いところを学ぶ、それから津波への備え方、どんな歴史があるか、この4つの項目を津波だけではなくて、あらゆる災害について学ぶ必要があるのだろう。筆者も「釜石の奇跡」の現場には何度も足を運び、防災教育による避難行動によって多くの命が救われたということは理解している。ただ、やっぱり災害のメカニズムを知らないといけないだろう。地震が起きたらどうするかのHow to 教育だけでは守れない命もある。チリで地震が起きたら揺れはなく津波だけが来るし、明治三陸津波も揺れがなく津波だけが来たために2万2,000人が亡くなった。揺れがなくても大きな津波が来る、そのメカニズムはやはり勉強すべきである。避難訓練だけではだめなのである。

そのために筆者はやれることを全部やってきた。先の「稲むらの火」の続編の「百年後のふるさとを守る」の5年生の国語の教科書への掲載に加え、2014

年で10年目となった「子どもぼうさい甲子園」を毎日新聞社と兵庫県、人と防災未来センターの協力で行っている。そこでは小中高等学校、大学等を対象に、毎年百数十件の応募があり、コンペを行い表彰している。兵庫県の「防災ポスターコンクール」には毎年1,000件近い応募がある。和歌山県でもユネスコと共同で、子ども防災シンポジウムを行った。

あるいはそういう防災を前面に押し出さなくとも、日ごろの教科の中で防災を学べる仕組みも必要となろう。算数でも、津波の速度が時速何kmで、歩く速度が何kmならどこまで逃げられるか、とすれば普段の教科の中にも防災を織り込んでいけるのである。心してそうした取り組みもしなければいけない。

また、関西大学の社会安全学部では、AO入試の推薦条件として「子どもぼうさい甲子園」での受賞を評価しており、さらに、兵庫県の県立舞子高校環境防災科の生徒は特別枠で入れている。あるいは、筆者の指導する学生で、日本で初めて防災教育で博士号を取った研究者もおり、そうした実績が文部科学省を説得するのに必要となってくると考えられるのである。

他にも筆者は、新潟県中越地震のときの義援金の配分委員長をしており、385億円集まったが、委員長を引き受ける代わりに10億円を残していただいて防災教育のための基金をつくるという約束をさせていただいた。結果的に12億円の基金ができ、小中高等学校の防災教育の推進に役立てている。年1,000万円使っても、120年間防災教育を行うことができる。

あるいは「阪神・淡路大震災記念　人と防災未来センター」では、「ユース語り部」の育成事業を行っている。震災の記憶を風化しないための、ボランティアで語り部になってくれている人がどんどん高齢化してきている。それが途絶えては困るため、高校生の語り部を育成しようという事業を行っている。

東日本大震災の犠牲者は60人！？

防災教育を行うにあたってはそもそも、小中学校の学習指導要領の作成に際して、防災・減災の専門家、研究者が関わっていないのが問題である。防災教育の専門家はたくさんいるにもかかわらず、教え方の専門家しか関与しておらず、防災の内容を伝えきれていないのである。それでも、防災に関する知識は、理科、社会、国語、保健体育などの授業にまたがって紹介されている。とはい

45

え、小・中9年間でどこまで理解すべきかの目標がなく、それぞれがバラバラに、断片的にしか組み込まれていない。「防災」という教科にまとめなくても、全体をどのように組み合わせるのかという視点から各教科内容を決めるべきであろう。

あるいは、教員免許を取得する課程で、教員を志望する学生に防災・減災に関する教育を全くやっていない。そのため、防災教育をするといっても、それを教えられる先生がいない。

防災教育は、総合的な学習の時間などを使って行われているが、熱心な教員の個人的な努力に負っており、必ずしも全校生徒が対象とはなっていない。特に高等学校はひどく、ホームルームの時間にも受験勉強しかやっていない。筆者の大学の推薦入試では83人が入学したが、口頭試問のときに、東日本大震災で何人亡くなったのかを尋ねると、2万人と答えたのはただ1人であった。少ないのは60人で多いのは200万人。一体何を考えているのだと呆れてしまった。それは結局、高校のホームルームの時間に担任が東日本大震災のことを話題にしていないということなのだと思われる。そのように一番防災教育が遅れているのは高等学校である。先生が専門化されてしまって、自分の専門課目のことしか教えない。小学校のように国語も算数も理科も同じ先生が教えるのではなく、担任になっても何もやらない。受験勉強さえちゃんとやればいいだろうくらいのものなのであろう。

それもこれも結局、災害を自分の問題として考える当事者意識の不足が招いたものなのであろう。

第4章
学校防災と
防災まちづくり・くにづくり学習

佐藤浩樹

（前文部科学省スポーツ・青少年局安全教育調査官、
宮城県教育庁スポーツ健康課課長補佐）

はじめに

　本論を展開するにあたっては、文部科学省の現在までの学校防災の考え方や
取り組みを示すとともに、防災まちづくり・くにづくり学習の視点を踏まえ今
後の展開について個人的考えを記する。また、その実践例として被災地（宮城
県）における学校防災の取り組みについてあわせて紹介していく。

近年の学校防災の現状と課題

　平成7年に発生した阪神・淡路大震災は災害時の学校の役割、教育委員会や
学校における防災体制、学校施設の防災機能や耐震性、防災教育の在り方など
大きな課題を提示した。

　それまで多くの学校においては火災の避難訓練が年1～2回行われる程度で、
地震や火山活動などによる災害等について体系的な指導が十分行われていると
は言い難い状況であった。

　文部省（当時）は、「学校等の防災体制の充実に関する調査研究協力者会議」
を設置し、これらの課題解決の方策を探るための検討を行い、第一次報告（平
成7年11月）および第二次報告（平成8年9月）を取りまとめている。これ
らの報告では、学校における防災教育の重要性が示されており、単に災害から
身を守るだけでなく、災害発生時および事後に進んで他の人々や集団、地域の
役に立つことができるようにすることを防災教育の目標とするよう示している。

　文部省は、これらの報告をもとに、平成10年3月、防災教育のための参考
資料『「生きる力」をはぐくむ防災教育の展開』を作成し、全国の学校等に配
布している。この中では、幼稚園から小学校、中学校、高等学校まで指導内容

の系統性を見据え、関連する内容が含まれている各教科等を含めた総括的な防災教育を計画的に実施することの重要性を訴えており、そのねらいや重点、進め方等とあわせて指導展開例も掲載されており、学校現場で活用しやすいよう工夫されている。

平成10年7月には教育課程審議会答申を受けた学習指導要領の改訂により、中学校の保健体育（保健分野）の内容「傷害の防止」において、災害について取り上げることが示されたが、教科等を横断した総合的な防災教育としての認識は含まれず、児童生徒の発達の段階に応じ系統的な防災教育の展開について示されることはなかった。学校現場においては、防災教育の重要性を認識しつつも、その指導のための時間を確保することができないことが課題となった。

その後、平成13年に大阪教育大学附属池田小学校において、校内に侵入してきた男により児童8人が刺殺される事件が発生、登下校中の児童生徒が犯罪被害に巻き込まれる事件も連続し、社会の注目は防災教育から犯罪被害防止を主とする防犯教育へと変わっていった。文部科学省においても、各種参考資料や教材等を作成、全国の学校等に配布し、児童生徒の安全確保への注意と指導の強化を呼びかけている。

このように、事件・事故災害の発生に応じて対策を講じることが繰り返され、学校の安全については後手の対応となることが多かった。また、日常的に発生している交通事故の抜本的な課題解決が図られている状況ではなかった。

そもそも学校安全（学校で行われる安全に関する取り組み）は、安全教育（主として学校の教育課程内で児童生徒に対して行われる安全に関する教育活動）と安全管理（主として教職員が児童生徒の安全を確保するために行う活動）、そしてこの両者を円滑に推進するための組織活動（安全教育の実施に係る校内体制の整備や登下校の安全を確保するための地域等との連携など）によって構築されている。

安全管理については、平成21年4月学校保健法の一部を改正する法律が施行され、「学校保健安全法」として新たに学校安全に関する責務が明記された。マニュアルの整備等が義務付けられたことなどにより、教育委員会や学校組織として児童生徒の安全を確保するための管理体制の整備について一定水準を確保したといえる。

図表Ⅰ-4-1　学校安全参考資料『「生きる力」をはぐくむ学校での安全教育』（H22.3　文部科学省）

また、安全教育については、平成20年1月の中央教育審議会答申を受けた改訂により、学習指導要領の総則に安全に関する指導は、学校の教育活動全体を通じて行うものと示されたものの、具体的な指導内容の体系化やそれぞれの教科等にある安全に関する内容の整備まで踏み込んだものとはならなかった。

このような中、文部科学省では、交通安全、生活安全（防犯含む）、災害安全（防災と同義）の三領域を網羅し、総合的な学校安全への取り組みを推進するため、平成22年3月学校安全参考資料『「生きる力」をはぐくむ学校での安全教育』を改訂し、全国の学校等に配布している。防災教育は、安全教育の一領域として、他の領域と互いに関わり合いながら、限られた時間の中で指導・展開されることとなったが、学校現場では、相変わらず年2回の避難訓練が防災教育と位置付けられ、行われることが多かった。これらを改善するため文部科学省では、学校防災のための参考資料『「生きる力」を育む防災教育の展開』の改訂作業を進めていた。最終編集会議は平成23年3月26日で、すでに最終稿は印刷直前であったが、その直前の3月11日、東日本大震災が発生した[注1]。

東日本大震災以降の文部科学省の対応等

東日本大震災の発生により、前述の学校防災のための参考資料『「生きる力」を育む防災教育の展開』の改訂は中断・延期されることとなり、震災の状況把握と初期対応にあたることとなった。

平成23年7月には「東日本大震災を受けた防災教育・防災管理等に関する有識者会議」を開き、現地調査の情報や実際に被災した学校の職員からのヒアリングをもとに議論を行った。第1回から第5回までの前半の会議を踏まえた中間取りまとめでの要点は以下の通りである。

・今後の防災教育については単に知識教育ではなく、主体的に行動する、自ら行動を起こすということを重点的に教育していくべきである。

・今後も自然災害が発生することが考えられることから、被災者としての視点だけでなく支援者となる視点からの指導も必要である。

　また、この会議と並行して文部科学省として学校における被災の全体像を把握するため「東日本大震災における学校等の対応等に関する調査研究」を行っている。これは、岩手・宮城・福島のすべての幼稚園から高校までの学校の協力のもと、3月11日午後2時46分、学校の状況はどうだったのか、そしてその後学校はどのような課題を抱えたのか、また、事前の防災教育・防災管理の取り組み状況が、どう影響したのかなどについて調査を行ったものであり、その調査結果を取りまとめたうえで、後半の第6回から第9回まで会議を行っている。後半の最終報告の概要は以下の通りである。

・防災教育の指導時間の確保に向け、主体的に行動する態度や支援者としての視点を育成する観点から、児童生徒の発達の段階を踏まえた系統的・体系的な指導を行うことが必要。

・特に津波災害については、東日本大震災の教訓を踏まえ、地域の特性に応じ、さまざまな場面や状況を想定したうえで、津波避難マニュアルを作成し、訓練を実施していくことが必要。

・教職員の被災など、想定以上の災害が発生した東日本大震災における事例も考慮し、臨機応変に対応できる組織の在り方が求められる。

・引き渡しのルールや避難所の開設・運営については、あらかじめ、保護者や地域住民と連携を確立させることが必要。

・防災マニュアルの作成にあたっては、保護者・地域住民、関係機関等の協働により作成するとともに、訓練の実施結果等に基づき、常に見直しを行うことが必要。

　最終報告では、特に学校の防災管理の在り方に焦点が絞られ議論が行われている。これは、宮城県石巻市立大川小学校で児童74人、教職員10人が犠牲となった事故を含め、学校の管理下において発生した被害を受けたものであり、今後の学校防災管理の在り方についての方向性を示したものとなった。

　文部科学省では、これら調査研究や会議報告、現地調査を踏まえて全国の学校における防災マニュアルの作成・見直しのための参考資料として平成24年3月『学校防災マニュアル（地震・津波災害）作成の手引き』を作成している。

表紙には「落ちてこない・倒れてこない・移動してこない」という地震発生時の安全な場所についてのキーワードを示し、学校の立地や児童生徒の状況に応じたオリジナルのマニュアルを作成するよう促している。

内容には、事前・発生時・事後の時系列での対応、そのための準備、保護者や地域の関係機関との連携の必要性等について図解で示すとともに、心のケア等についても示している。

これらの作業と並行し、中断されていた学校防災のための参考資料『「生きる力」を育む学校での防災教育』の編集が行われ、改訂作業途中だった内容に東日本大震災の教訓を加えるかたちとなった。その中で、安全教育の目標に準じ防災教育の目標を以下のように示している。

図表Ⅰ-4-2 『学校防災マニュアル（地震・津波災害）作成の手引き』（H24.3　文部科学省）

図表Ⅰ-4-3 『学校防災のための参考資料「生きる力」を育む防災教育の展開』（H25.3　文部科学省）

　ア　自然災害等の現状、原因及び減災等について理解を深め、現在及び将来に直面する災害に対して、的確な思考・判断に基づく適切な意志決定や行動選択ができるようにする。

　イ　地震、台風の発生等に伴う危険を理解・予測し、自らの安全を確保するための行動ができるようにするとともに、日常的な備えができるようにする。

　ウ　自他の生命を尊重し、安全で安心な社会づくりの重要性を認識して、学校、家庭及び地域社会の安全活動に進んで参加・協力し、貢献できるようにする。

アおよびイでは、自らの命を守るために災害等に関する知識を正しく理解し、その知識を活用して自らが判断し、自らの意志で行動できるようになることを求めている。また、「将来に直面する災害」とは「今の自分」だけではなく、

第4章　学校防災と防災まちづくり・くにづくり学習

将来「大人になった自分」も含めて示しており、このことはウの内容につながるものであり、アおよびイで得た知識や能力等をもとに一市民としての責任を

図表Ⅰ-4-4　『学校防災のための参考資料「生きる力」を育む防災教育の展開』
（H25.3　文部科学省）p.10 より引用

『生きる力』を育む防災教育の展開

発達の段階に応じた防災教育

ア　自然災害等の現状、原因及び減災等について理解を深め、現在及び将来に直面する災害に対して、的確な思考・判断に基づく適切な意志決定や行動選択ができる。（知識、思考・判断）
イ　地震、台風の発生等に伴う危険を理解・予測し、自らの安全を確保するための行動ができるようにするとともに、日常的な備えができる。（危険予測、主体的な行動）
ウ　自他の生命を尊重し、安全で安心な社会づくりの重要性を認識して、学校、家庭及び地域社会の安全活動に進んで参加・協力し、貢献できる。（社会貢献、支援者の基盤）

高等学校段階における防災教育の目標
　安全で安心な社会づくりへの参画を意識し、地域の防災活動や災害時の支援活動において、適切な役割を自ら判断し行動できる生徒

ア　知識、思考・判断	イ　危険予測・主体的な行動	ウ　社会貢献、支援者の基盤
・世界や日本の主な災害の歴史や原因を理解するとともに、災害時に必要な物資や支援について考え、日常生活や災害時に適切な行動をとるための判断に生かすことができる。	・日常生活において発生する可能性のある様々な危険を予測し、回避するとともに災害時には地域や社会全体の安全について考え行動することができる。	・事前の備えや災害時の支援について考え、積極的に地域防災や災害時の支援活動に取り組む。

中学校段階における防災教育の目標
　日常の備えや的確な判断のもと主体的に行動するとともに、地域の防災活動や災害時の助け合いの大切さを理解し、すすんで活動できる生徒

ア　知識、思考・判断	イ　危険予測・主体的な行動	ウ　社会貢献、支援者の基盤
・災害発生のメカニズムの基礎や諸地域の災害例から危険を理解するとともに、備えの必要性や情報の活用について考え、安全な行動をとるための判断に生かすことができる。	・日常生活において知識を基に正しく判断し、主体的に安全な行動をとることができる。 ・被害の軽減、災害後の生活を考え備えることができる。 ・災害時には危険を予測し、率先して避難行動をとることができる。	・地域の防災や災害時の助け合いの重要性を理解し、主体的に活動に参加する。

小学校段階における防災教育の目標
　日常生活の様々な場面で発生する災害の危険を理解し、安全な行動ができるようにするとともに、他の人々の安全にも気配りできる児童

ア　知識、思考・判断	イ　危険予測・主体的な行動	ウ　社会貢献、支援者の基盤
・地域で起こりやすい災害や地域における過去の災害について理解し、安全な行動をとるための判断に生かすことができる。 ・被害を軽減したり、災害後に役立つものについて理解する。	・災害時における危険を認識し日常的な訓練等を生かして、自らの安全を確保することができる。	・自他の生命を尊重し、災害時及び発生後に、他の人や集団、地域の安全に役立つことができる。

幼稚園段階における防災教育の目標
　安全に生活し、緊急時に教職員や保護者の指示に従い、落ち着いて素早く行動できる幼児

ア　知識、思考・判断	イ　危険予測・主体的な行動	ウ　社会貢献、支援者の基盤
・教師の話や指示を注意して聞き理解する。 ・日常の園生活や災害発生時の安全な行動の仕方が分かる。 ・きまりの大切さが分かる。	・安全・危険な場や危険を回避する行動の仕方が分かり、素早く安全に行動する。 ・危険な状況を見付けた時、身近な大人にすぐ知らせる。	・高齢者や地域の人と関わり、自分のできることをする。 ・友達と協力して活動に取り組む。

障害のある児童生徒等については、上記のほか、障害の状態、発達の段階、特性及び地域の実態等に応じて、危険な場所や状況を予測・回避したり、必要な場合には援助を求めることができるようにする。

果たすとともに積極的に社会に貢献し、安全で安心な社会づくりに取り組むようになることを目指している。これらの目標に迫るためには、児童生徒の発達の段階に応じた系統的で体系的な指導が必要であり、そのことが学習指導要領に反映されることがすべての学校での展開には不可欠である。前述の有識者会議においても学習指導要領への位置付けについては必要性が示されており、次期改訂に向けた準備が進められている。ちなみに参考資料では、幼稚園から高等学校までの各段階において指導すべき内容が一覧にまとめられている。

被災地における学校防災（宮城県の取り組み）

東日本大震災により宮城県内では幼児、児童および生徒430人、教職員22人が犠牲になっている。このうち特に石巻市立大川小学校においては児童74人と教職員10人が犠牲となり、学校管理下における死亡事故としては最悪の事態を招いた。

宮城県では、東日本大震災の経験を踏まえ、地域の特性や各学校の環境に応じ、自校化した独自のマニュアルの作成や地域住民との連携による防災体制の強化など、従来の防災教育や防災管理の在り方を見直し、新たな学校防災を推進するため、平成24年度からすべての公立学校において防災主任を任命するとともに、地域の拠点となる小・中学校には防災担当主幹教諭を配置している。防災主任は、自校における防災教育の指導計画立案や授業実践の指導的役割を果たすとともに、保護者や地域住民、関係機関等との連携の窓口となる。また、防災担当主幹教諭は、域内（おおよそ中学校区）の学校間連携や、関係機関等との広域的な連携を図り、体制整備を充実させる役割を負っている。これらの任命・配置は全国初の取り組みである。

あわせて、今回のきびしい教訓を後世に伝えるとともに、学校において計画的・継続的な安全教育を行い、幼児、児童および生徒に安全意識の内面化を図るために、災害安全はもとより交通安全、

図表Ⅰ-4-5 『みやぎ学校安全基本指針』（H24.10 宮城県教育委員会）

生活安全(防犯を含む)の三領域を網羅した『みやぎ学校安全基本指針』を策定している。特に、防災教育については、これまでの想定を超えたあらゆる状況を捉え、震災発生時の対応について教職員の役割を明確化し、命を守るための各学校の防災体制の確立を図るよう求めている。

この指針を踏まえ、実際に児童生徒等を指導する際の教材としてみやぎ防災教育副読本『未来への絆』を作成している。

震災の教訓を取り入れるとともに、単に知識の習得だけにならないよう、アクティブラーニングの視点を取り入れ、実際の行動につなげるための工夫が施されている。また、震災の記憶を風化させないため、児童生徒の作文や地域住民の行動記録なども掲載している。

平成26年度中に県内すべての小学校に配布され、年間10時間程度を確保して実施するよう求めていたが、実態調査によると、小学校における防災教育の実施時数は平成25年度に比較して倍増している。低学年で13.8時間、中学年で20.0時間、高学年で21.1時間となっており、総合的な学習の時間、学校行事、各教科等の時間を使っていることが多い(幼稚園、中学校、高等学校版について平成27年度に作成、配布予定)。

さらに、副読本を使用した防災教育や地域と連携した特色ある取り組みも増

図表Ⅰ-4-6 『みやぎ防災教育副読本 未来へのきずな 小学校1・2年』(H27.3 宮城県教育委員会)
『みやぎ防災教育副読本 未来へのきずな 小学校3・4年』(H26.3 宮城県教育委員会)
『みやぎ防災教育副読本 未来への絆 小学校5・6年』(H27.3 宮城県教育委員会)

「地域住民と合同の防災訓練」みやぎ
防災教育推進協力校での取り組み

えてきており、石巻市の小学校では、保護者参観日を利用し、副読本を活用した防災の授業と保護者合同の避難訓練、さらに地域住民と合同の防災訓練が行われていた。体育館では、負傷者搬送、応急手当、心肺蘇生、煙道体験の4つのコーナーが設置され、それぞれに親子で体験・参加し、その後は、炊き出しによる昼食。地域住民総出の防災訓練が行われていた。この地域は、平成15年に発生した宮城県北部地震で大きな被害を受け、その際にできた地域の自主防災組織が東日本大震災でも大きな役割を果たしたことから、その後も継続的に地域全体での活動が続けられている。地域の中学生も住民としての役割を担い、受付や小学生の支援など自然に役割をこなしている姿は頼もしく感じる。

防災まちづくり・くにづくり学習の充実と発展のために

1947（昭和22）年、試案として作成された中学校の社会科学習指導要領中の、自然災害を扱う単元では、その要旨として以下のような記述がある。

> わが国でも，昔から天災に原因する悲劇が，しばしばくり返されている。地震・山崩れ・火山噴火・台風・津浪・大雨・ひでり・その他による災害の記録が多数見出だされるのみならず，今日でも，いつこれらの天災が，われわれを襲ってくるかも知れないことは，常に覚悟していなければならないのである。

今からおよそ70年前に作成された試案である。このあと、わが国は高度成長期に入り、都市化が進むとともに、ダムや河川改修等により土砂災害等は減少した。また、1923年の関東大震災を超えるような巨大災害も発生せず、日本社会は順調に成長し、人々の暮らしは豊かになった。この期間でわれわれは「常に覚悟していなければならない」ことを忘れてしまったのではないか。

人間が自然の中で社会生活を営むうえでは、どんなに科学が進歩しても、それを上回る防ぎきれない自然の力があり、人間はそのことについて「覚悟」することが必要なのである。これからの防災教育においてはこの「覚悟」を正しく教えていかなければならない。

被災地（宮城県）の特に津波被害が大きかった沿岸部では、復興に向けた新しいまちづくりが進められているが、それぞれの地域の課題解決に時間がかかり、その速度はなかなか早まらない。行政や住民が有識者を交え、まちづくりについて議論が行われているが、それぞれの主張や考えについて合意形成するためのラインが必要である。自然の力に対して「覚悟」するラインを引かなければならないのである。このことは、決して「あきらめること」や「切り捨てる」ことではなく、社会としてどう判断するかということである。さらに、まちづくりは「わがまちをつくる」ことで完結するものではない。東日本大震災の教訓は「わがまち」を超え、日本、あるいは世界を視野に入れる必要性を学ばせてくれた。つまり「くにづくり」としての「覚悟」も必要なのである。

この「覚悟」について正しく判断するために必要な知識と行動力を備えた市

民を養成することが防災教育の役割である。自然の力は災害を起こすだけではなく、豊かな恩恵を数多く人間に与えている。自然の美しさ、感動、畏れを理解することは、環境への働きかけにもつながり、人間の生き方を考えるきっかけになり得る。

　自然の力について正しく知り、人間の心理特性や社会構造について学ぶとともに、社会の構成員としての責任を自覚し、行動力を身に付けさせる防災教育としてのまちづくり・くにづくり学習なのである。

　試案の学習活動の項には内容例として以下のように示されている。

　「文化が進むにしたがって，いろいろな防災施設もだんだん進歩するから，損害は次第に減ってくる。だから，われわれの努力によって，ついには天災の被害から免れる日がくるであろう」。

　「文化が進むにしたがって，人口も多くなり，建物の数や種類も増加し，耕地も広くなるから，損害を受ける範囲もたんだん大きくなってくる，それ故に将来は，天災による被害がますます大きくなるであろう。」

　この二つのことばは，郷土の将来にとっては，どちらがよくあてはまるように考えられるか，これについて討議すること。

　70年前の子どもたちは、どんな討議をしたのだろうか。

注

（注1）筆者は参考資料の編集委員であり、最終編集会議にも出席予定であった。当時は宮城県登米市の公立中学校の教頭で、東日本大震災は学校で体験した。津波の被害を直接受けた地域ではなかったが、学校施設が地域住民の避難所となり、その対応や教育活動の再開に向け奔走した。2週間ほど学校に寝泊まりし、その直後の4月から、文部科学省の安全教育調査官に着任し、震災以降の対応等に関わってきている。

第5章
防災教育に関する国土交通省の取り組み

塚原浩一
（前国土交通省水管理・国土保全局防災課課長、
国土交通省水管理・国土保全局河川計画課課長）

ハードだけではない、ソフトにも目を向けた国土交通省の取り組み

　本章では、防災教育に関して、国土交通省が全国で行っているさまざまな取り組みを紹介する。

　そもそも、国土交通省が行う防災教育といっても、なかなかぴんと来ないかもしれない。防災・減災対策としてハード面での施設整備のみならず、ソフト面においてもさまざまな取り組みを実施している。もちろん、被害を軽減し、迅速な復旧・復興を行うためにはハード面での施設整備が必要だが、施設で守り切れない大規模な災害時には、やはり、とにかく逃げる、命を守るということが必要である。そのためにはソフト対策に重点を置いて対応するという考え方が重要になる。また、ハードかソフトということではなく、それぞれの対策を総動員して取り組んでいくことが非常に重要である。

　わが国は、毎年のように水害・土砂災害に見舞われ、また、国土面積が世界の地表面積のわずか0.25％の国土に世界のマグニチュード6以上の地震の約2割が発生し、活火山の約1割が集中しているなど、まさに災害列島といえる国土である。一方、必ずしも住民の皆さんの危機意識が十分ではないところがある。多くの人に心当たりがあるかもしれないが、例えば、地域一帯に避難勧告が出たとしても、実際には数十人、数百人しか避難しないというのが現状だ。このように、目の前の危機に対しても命を守る行動が取れていない現状がある。

　自然災害から命を守るためには、住民一人ひとりが災害時において適切な避難行動を取る能力を養う必要がある。そのためには、災害リスクを認識することにより災害に対する「心構え」を持つだけでなく、自然災害およびそれに対する避難に関する「知識」を持つことが不可欠といえる。

特に、自然災害に関する「心構え」と「知識」を備えた個人を育成するためには、幼少期からの防災教育をすすめることが効果的であり、これにより子どもから家庭、さらには地域へと防災知識が浸透していくことが期待できる。

災害教訓の教科書への掲載サポート

それでは、国土交通省が行っている取り組みの事例を紹介する。まず、広く国全体の取り組みとして、教科書出版社との意見交換を実施し、国土交通省の行っている防災に関する取り組みや、教科書の材料として使える内容や写真等を提供している。

これは平成20年度から実施しているが、そのきっかけは学習指導要領が平成20年から平成21年にかけて改訂されて、自然災害に関する学習の項目が大幅に増えたために、実際に災害対応を行ってきた国土交通省から、教科書に使える材料を出していこうということで始めた。なお、教科書出版社とは、防災だけでなく環境教育等も含め意見交換している。

指導要領の改訂では、以下の項目が新たに追加された。小学校5年生の社会科では「自然災害の防止」という項目ができ、災害が起こりやすい国土であることや、その被害を防止するために国や都道府県がどのような対策を行っているかを学ぶこととされた。また、小学校6年生の理科では、土地は火山の噴火や地震によって変化することを学ぶこととされた。

このような学習指導要領の改訂に対応し、教科書出版社との意見交換の結果、以下の内容が教科書に掲載された。小学校の社会科の教科書では、平成9年に鹿児島県で起きた土砂災害の様子を写真付きで紹介し、このような災害への対策として、環境にも優しいスリット型の砂防堰堤を整備していることが掲載されている。他にも小学校6年生の理科では、火山活動や地震の例として、長崎県の雲仙普賢岳周辺の写真や、平成20年の岩手・宮城内陸地震の土砂崩壊の写真が教科書に掲載された。

また、「稲むらの火」が、実に64年ぶりに教科書に復活した。「稲むらの火」は津波の教訓を伝える物語であるにもかかわらず、社会や理科ではなく、国語の教科書に掲載された。このように、題材の提供の仕方によっては、防災教育の主流である社会や理科のみならずさまざまな教科の中で、掲載が可能となる

ことがわかる。国土交通省も、今後、材料の提供方法を工夫する必要があるといえよう。

教科書題材としての歴史的建造物とそれにまつわるエピソード

教科書に取り上げてもらうため、出版社の意見を聞きながらさまざまな工夫をしている。その一つとして、歴史上の人物や土木遺産、文化遺産を題材に、エピソードを整理して一つの物語としてまとめて提供している。

例えば、オランダ人技術者ヨハネス・デ・レーケに関するエピソードの例がある。デ・レーケは明治6年に来日し、淀川をはじめ木曽川、吉野川など日本各地の河川の改修計画を指導した人物であり、例えば筑後川にはデ・レーケ導流堤、吉野川にはデ・レーケ砂防堰堤がある。このように各地に名前を残している施設を紹介するとともに、どのように整備が行われ、どのように役立っているのかなどのエピソードを交えることで、興味・関心を高める工夫を行っている。

他にも、木曽三川における江戸時代の宝暦治水というものがある。宝暦3（1753）年12月25日、江戸幕府は薩摩藩に極めて多くの費用と人力がかかる木曽三川の治水工事を命じ、工事は宝暦5年5月22日に完了した。その工事は薩摩藩の家老・平田靫負が総奉行となり、幕府のきびしい監督のもとに進め

図表Ⅰ-5-1　ヨハネス・デ・レーケに関するエピソード

ヨハネス・デ・レーケ
明治政府によって招かれたオランダ人技術者で、
筑後川の改修計画を策定し、整備された導流堤には、
その名前が付けられている。

筑後川のデ・レーケ導流堤

られたが、最終的には莫大な費用と多くの殉職者を出す難工事となり、平田靱負自身も工事完了後、すべての責任をとり自刃した。この宝暦治水の目的である木曽三川の分流は、当時の技術力では大変困難を伴うものだったが、この宝暦治水が近代治水技術につながっている。このような実話を、史跡地などとともに紹介している。

このように、その地域の話題についてエピソードなどを含め整理をし、さまざまな教科書に使ってもらえるようにしているのである。

ハザードマップを活用した防災教育

次に、教育現場での取り組み事例として、洪水ハザードマップを活用した防災教育を紹介する。洪水ハザードマップとは、洪水時に地域の中でどこが浸水するのか、どこに逃げたらいいのかなどをわかりやすく示した地図である。洪水ハザードマップの策定当初は、市町村にこういうマップを作りませんか、と依頼しても、なかなか提案を

ハザードマップを活用している事例

受けてもらえず苦労もあったが、長年の取り組みの成果もあり、現在ではかなり普及している。

この洪水ハザードマップには、地図だけでなく、非常時の情報の伝達経路、避難場所、あるいは避難時の心得や持ち物など、さまざまな情報を、地域の特性に応じて、地元の住民の意見を聞きながら、一目でわかるように掲載している。

さらに、作成し、配布して終わるのではなく、宝の持ち腐れにならないよう、避難訓練や授業などで、実際に活用してもらっている。例えば、小学校では、実際の避難経路や避難場所、危険箇所等を自分たちの足で歩いて、自らの目で見て確認するという取り組みを実施している。

子どもたちにとって身近なまちを題材とした防災教育

上記で紹介した内容は、従来からの実施内容だが、ここでは、最近始めた教育機関と連携した防災教育について紹介する。久留米市の教育委員会と筑後川

河川事務所とが協力して、久留米市内の学校において、筑後川を題材にした風水害対策等の内容を社会科の授業で説明している。この取り組みの背景には、教科書には防災について掲載されているものの、例えば、掲載内容が雲仙普賢岳であったり、東海地震であったり、首都直下地震であったり、掲載内容に関係しない地域の多くの子どもにとって、必ずしも自分のこととして理解されにくいのではないかという問題意識があった。このため、久留米市の例でいえば、もっと身近な近所を流れる筑後川を題材にすることで興味・関心を高め、授業の中で防災のことをより深く理解して、防災・減災に関する知識を習得してもらうというものである。

　授業の実施にあたっては、どのような授業を行うのか、どのような写真を示すのか、どのような板書にするのかなどについて先生と河川事務所の職員が一緒になって準備し、計画を立てたうえで、4回にわたって授業が行われた。このように、身近な実例を題材とすることで、子どもたちがその地域の特徴、過去に発生した災害、ハザードマップの有無やその内容等、手順を踏んでしっかりと理解できるようになると思われる。そして最後には、子どもたちだけでなくその保護者に対しても、同じように知識を広げていただける効果があると考えられる。

　実際に授業を行った先生からは、身近なものを題材にしたことで子どもの理解が進み非常によかった、国土交通省の事務所から提供された情報は、先生もほとんど知らないためこれからも使っていくべきだ、といった意見があり、好評であった。全国的にも、久留米市での事例は、学校教育現場と連携し成功した好事例であるといえる。

　全国の国土交通省の担当者が、リクエストがあれば、学校や自治会などさまざまな場所に出向くといった観点では、これまでも出前講座という取り組みがあり、防災や環境などのさまざまな内容について説明を行ってきた。出前講座は、学校などの教育現場の周辺に、それぞれの地域を管轄とす

小学生を対象とした出前講座
雲仙復興事務所
（長崎県島原市）

る地方整備局の職員がいるため、各地域の災害の歴史、防災対策の取り組みなど、地域の特徴に合わせた、防災に関する材料の提供ができるという利点がある。

このような出前講座の取り組みに、久留米市における好事例を反映し、さらに以下のような改善を行うことで、防災教育の充実に関する支援が充実されると考えている。

久留米市のような授業を行うとなれば、事前の計画作りや仕込みをしなければならないため、先生に大きな負担がかかってしまう。このことを地方整備局の職員が十分に認識したうえで、先生とともに連携しながら進めていくことが重要である。

土石流模型装置を活用した
防災学習会
沼津河川国道事務所
狩野川水系直轄砂防事業
（静岡県伊豆市　伊豆っこ
防災学習会）

また、学校の先生および生徒を対象とした取り組みだけでなく、例えば、将来、学校の先生となる大学の教育学部の学生も対象とした情報発信を行っていく必要がある。このような取り組みを行うためには、これまでのリクエストに応じた対応ではなく、能動的に企画・提案を行う必要がある。

このような取り組みを展開することで、いつどこで起きるかわからない災害に対し、また、災害の発生までに時間的余裕がないような事態においても、大雨や地震の発生などの状況から、住民自らが判断し行動する「主体的行動型」の避難が浸透していくものと考えている。

第6章
東日本大震災の教訓から得た
建設業界の社会的役割

深松努

（株式会社深松組代表取締役社長）

　筆者が副会長を務める仙台建設業協会（以下「協会」という）は、1991年に、仙台市と災害協定を締結し、災害対策基本法に定める大規模災害が発生した場合には、災害現場に直ちに出動し、応急措置に協力することになっていた。また、筆者は、協定に基づき、協会会員の分担により仙台市各区の作業部隊から組織する「災害応急措置協力会」において、仙台市青葉区の隊長を務め、災害時に真っ先に役所に駆けつける立場にあった。

　2011年3月11日に発生した東日本大震災においても、がれき等の撤去に関わる責任者として、仙台市の復旧活動にあたった。本章では、震災の現場で何が起こっていたのかをリアルにお伝えし、教育題材として活用いただくことを企図しつつ、協会が編成したさまざまな作業部隊の復旧活動の状況や災害時の建設業界の社会的な役割などについて、報告する。

被災現場の実情

　3月11日の夕方に津波が押し寄せた仙台市沿岸部の中野小学校では、子どもたちや住民が校舎屋上に避難していた。校長先生から夜に電話を受けると、火災がさまざまな場所で発生し、その燃え殻が校舎屋上にも飛散しているという。校長先生は、避難者の二次被害を避けるため、市消防局に対して、消火してほしい旨無線で直ちに要請した。学校の周りは一面がれきに覆われ、消防車両が進入できなかったので、市は、普段夜間に飛行しない消防ヘリを出動させ、消火活動にあたった。速やかに消火したものの、雪が降る寒い夜であったため、避難したおじいちゃんやおばあちゃんが、低体温症で亡くなることもあった。おじいちゃんやおばあちゃんを失った子どもたちが、言葉には言い表せないつ

らい思いをしたことは想像にかたくない。

　また、津波によって流されたがれきなどにより、さらに甚大な被害が及ぼされた。仙台市の沿岸地域には、10mクラスの防災林が隙間なく立っていたが、7mを超える大津波により、それがなぎ倒され、津波に乗って凶器になり、家々を突き刺し破壊していった。なぎ倒された防災林やがれきは、沿岸から3～4kmも流され、盛土構造の仙台東部道路が防潮堤の役割を果たしようやく止まった。なお、発災からちょうど400年前の1611年に発生した「慶長三陸地震」における仙台の津波被害は、海岸から5.5kmの「浪分神社」にまで及んだと言われている。仮に、この高速道路がなければ、内陸の住宅地や工業地域にまで津波が到達し、仙台の人的・物的被害は、数倍ではすまないものであったと考えられる。

図表Ⅰ-6-1　仙台市沿岸部の被害状況

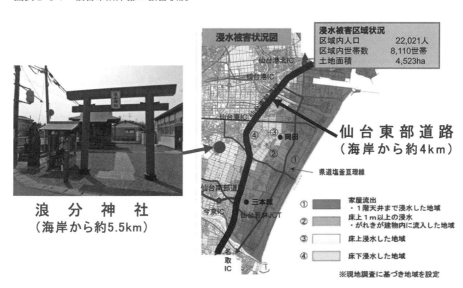

まずは道路啓開、地域建設会社の奮闘

　こうした津波被害により、仙台東部道路から東の地域全体は、がれきや土砂に一面が覆われた状態となった。救援や復旧活動を行うためには、まず、人が、車が通れるようにしなければならず、最初に出動したのが「道路啓開隊」である。

また、仙台港の啓開活動も進めた。まず、行方不明者を捜索するため、1車線を通行できるよう、発災当日から、われわれ協会などが、がれきを除去するとともに、道路の応急的な段差修正などを行った。津波や地震の影響で、いたるところで道路が寸断されていたため、土嚢バッグを置いたり、砕石を入れて応急復旧していった。メディアは、自衛隊、警察、消防の人命救助および行方不明者捜索状況を盛んに報道していたが、啓開作業は、これらの救援活動の他、物資輸送、ならびに、人々の避難・帰還などに大きく貢献したのである。

　津波被害により、仙台市内では、950名余りの方が亡くなった。がれきの山を切り開いて前に進んでいくと、ご遺体が発見されたため、警察に引き渡しながら、内陸側から海に向かって前へ前へと啓開していった。

行方不明者捜索への協力

　発災直後からの道路啓開作業に引き続き、2011年3月14日からは、「人命隊」が行方不明者の捜索に伴うがれきを撤去していった。2014年8月に発生した広島の土砂崩れにおいても、自衛隊、警察、消防が3,500人態勢にて捜索活動を行ったが、津波により東北から関東地方の沿岸部が広域的に被災した東日本大震災において求められる態勢はその比ではなく、当然人手が不足した。このため、われわれ協会も自衛隊、警察、消防の指揮のもと、行方不明者捜索に協力した。

　積み重なったがれきの中で行方不明者を捜索する際には、重機を慎重に操作してがれきを除去しながら、行わなければならない。自衛隊も重機を有していたが、非常に繊細な作業で高度な技術が求められたため、毎日乗って操縦し慣れているわれわれ協会の作業員が担当した。しかしながら、当該作業は、技術が求められるだけでなく、ご遺体を発見する可能性があるため、精神的な負担が大きく、3日前後で作業員を交替しなければならなかった。

　また、川や沼、水路および津波により浸水した農地では、排水しなければ行方不明者の捜索ができなかった。その排水作業についても協会が対応した。

　なお、浸水した農地については、海水を早く排水することが重要であった。塩分が土壌や地下水に浸透すると、後の農地の復旧作業に支障を及ぼすためである。このことから、発災10日後の3月21日から、24時間体制で排水作業

を実施した。浸水地区は、通電しておらず、発電機による作業となったため、燃料の確保が日々の課題となった。発災から約1カ月の間、市内では燃料調達が大変困難な状況であったため、発電機の燃料が盗難されることもあった。

がれきはごみの山ではない

　道路啓開隊や人命隊が中心となって活動した発災直後の緊急応急出動期から1カ月ほど経った2011年4月に、本格的な復旧・復興に向けて、さまざまな部隊を編成し作業にあたった。仙台市は、大量に発生したがれきの撤去等の作業についても、地域経済の復興も念頭に、われわれ地域の建設会社などに委託した。その作業部隊は、撤去したがれきを集積するための「搬入場造成隊」に加え、道路、宅地および農地に関わるがれきを撤去する「道路隊」「がれき隊」「農地隊」「車両隊」に大きく区分される。

　「搬入場造成隊」は、東部沿岸地区3カ所（宮城野区蒲生、若林区荒浜・井土）延べ100haに、がれきを受け入れ、分別保管し中間処理まで行う「がれき搬入場」の造成工事を行った。工事は、3月26日に着手し、宅地周りのがれき撤去を行う「がれき隊」が動き出した4月22日には、すべての搬入場の供用を開始した。

　次に、「道路隊」は、救助活動等に伴う震災直後の道路の応急的な啓開作業に加え、復旧を本格化するために、通常の道路機能を回復させて人や物資が円滑に往来できるよう、道路脇に除去したがれきを搬出した。仙台市宮城野区では、4月4日から、若林区では、4月15日から、それぞれ作業に着手した。なお、道路脇のがれきの山の周りを白いビニールテープで囲っていた箇所があったが、これは、行方不明者捜索を完了した箇所であって、重機で撤去してよい、というサインが示されていた。

　続いて、道路のがれきの撤去を着手したあとの4月22日からは、被災者の衛生的な生活環境を確保等するため、宅地の面的ながれき撤去に着手した。その際には、51社により「がれき隊」を結成し、宮城野区蒲生・中野地区の第1班、同区蒲生・岡田地区の第2班、若林区荒浜地区の第3班、同区藤塚・井土地区の第4班を編成した。さらに、各班内を複数のグループに分割し、地域の町内会単位で、がれきを撤去していった。また、被災車両は、ハイブリッド車

による感電等のおそれがあるため、地元の自動車解体業団体が「車両隊」を編成し撤去した。

　がれきといえば、廃棄物とみなされるものであるが、家を破壊された被災者にとっては、財産や思い出の品であった。そのため、被災者の声に十分に耳を傾けながら、丁寧に撤去作業を行っていく必要があった。各班は、今週は緑、来週は赤、再来週は青に色分けした地図を毎週作成・更新して、避難所への掲出やホームページの公表により、被災者へ周知を図った。がれき撤去作業が進められることを知った被災者は、現場に立ち会うことも多かった。現場では、家屋が津波により、数百メートル流されたものもあったが、被災者の声を聞きながら、損壊し流出した家屋等を撤去していった。撤去にあたっては、現場で、がれきを可燃物、不燃物、資源物（コンクリートや廃家電等）に分別を徹底したうえで撤去した。詳細は後述するが、がれき撤去現場から分別を徹底することによって、がれきを迅速かつ効率的にリサイクル・処理することができた。

　宅地のがれき撤去が 2011 年 7 月におおむね完了する見通しがたったことから、7 月初旬から宅地のがれき隊を順次引き継いで「農地隊」に組み替え、農地内のがれき撤去に着手した。

　宅地のがれき撤去面積が約 600ha であったのに対して、農地の撤去面積が約 1,800ha とおよそ 3 倍の広大な範囲であったために、54 社を 5 つの班に再編成し作業に臨むこととした。

　また、がれきを撤去したあとでも、柔らかい農地の土の中には、細かいがれきが混入していたため、立ち会われた多くの農業者から、すべてのがれきを撤去してほしい旨要望された。がれきの細片を現場で除去することが困難であったため、表土を一律 5cm 撤去した。なお、表土は、搬入場に集積後、場内で選別機により最大三度篩われて、国（海岸堤防・海岸防災林）や市（かさ上げ道路・海岸公園）の復興資材として有効活用されていった。

「仙台方式」とは

　ここまで、がれき撤去について述べてきたが、地元の産業廃棄物業界などが編成した「搬入場隊」によるがれきの処理について説明する。仙台市では、大手のゼネコンではなく、地元の業界団体によりがれきの処理体制を構築した。

なお、大手の業界団体は、関係業者の少ない他のまちの復旧復興事業に携わっていった。

仙台市のがれき処理は、協会および宮城県解体工事業協同組合などが、がれきおよび損壊家屋等の解体物について、撤去現場から分別を徹底させたうえ搬入し、宮城県産業廃棄物協会仙台支部が、搬入物について、20品目前後に細かく分別し、既存の民間リサイクル施設において、並行して各品目のリサイクルが進められた。また、火災が発生するおそれがある可燃物は、場内に仮設焼却炉を設置することにより、搬入後速やかに安定化された。

この処理体制により、当初の目標「発災から3年以内にがれき処理完了」より早い2013年12月には、仙台市のごみ総量の7年分にも及ぶ272万tの震災廃棄物等の処理を完了し、うち、リサイクル量（率）も228万t（84％）に達した。地元経済の復興も念頭に置いた、迅速かつ効率的な処理体制は、「仙台方式」と呼ばれ、今後の南海トラフ地震や首都直下型地震等の巨大災害発生時の一つのモデルとして期待されている。

なお、リアス式海岸が続く三陸地域など、他の被災地域では、広い仮置き場用地を十分に確保できないことがあった。一部の地域においては、積み上げられた混合可燃物の高さが20m以上にも達し、自然発酵し、火災が発生することもあった。仙台市では、広い搬入場用地が確保できたこともあって、場内でがれきを細分別することができ、管理を要する可燃物量を低減するとともに、その保管高さもおおむね5m以下で小割りにするなどの火災防止対策が講ぜられた。また、2011年10月には、津波被災地域で初めて設置された仮設焼却炉により、可燃物を順次焼却し安定化していった。

建設会社は災害時の救急救命医

協会は、前述した他にもさまざまな部隊を編成して、仙台市の復旧事業を実施した。

例えば、宮城県解体工事業協同組合と協会40社体制にて編成した「解体隊」は、仙台市内の個人が所有する家屋もしくは中小企業者が所有する事業所などで、「全壊」または「大規模半壊」と、り災証明書で判定され、市民が解体を願い出た物件（個人が自ら居住することを目的とする住宅やマンションは「半

壊」と判定されたものを含む）を解体撤去した。2011年6月から2014年2月まで、宮城県解体工事業協同組合6,099件、協会4,405件の合計10,504件の大規模建築物を含む損壊家屋等について、建設リサイクル法に規定された15品目の分別解体を実施した。

　また、協会5社体制にて編成した「山ごみ隊」は、市民の願い出に基づき、損壊したブロック塀や門柱などを解体撤去した。2011年9月から2012年5月まで、1,794件総延長約40kmのブロック塀などについて、分別解体を実施した。

　なお、協会は、「建築隊」も編成し、仙台市内の避難所として使用された小中学校の体育館137カ所の安全点検を実施した。

　われわれは、「町のお医者さん」と普段言われているが、「災害時には救急救命医」であると考えている。専門的な技術を必要とする仕事はもちろんのこと、われわれは、地域を復旧・復興するという使命感を持って、自衛隊、警察、市、被災した方々とともに、さまざまな仕事をした。例えば、冷蔵冷凍倉庫の被災により腐敗した魚などの梱包材の分別や棺の製作なども行った。

図表 I -6-2　一般社団法人仙台建設業協会の作業部隊一覧

年	2011年				2012年
月	3月	4月	5月 6月 7月 8月 9月 10月〜		3月
区分	緊急応急出勤隊	各区部隊編成期	広域災害復旧部隊編成期		
緊急作業隊 道路啓開隊					
各区災害措置協力会作業隊					
東部地区緊急排水業務作業隊					
搬入場造成隊					
がれき等撤去隊 ①人命隊					
②濡れごみ隊					
③道路隊					
④がれき隊					
⑥解体隊					
⑦農地隊					
⑧山ごみ隊					

災害復旧の原動力となった使命感

　救援活動を行うため、われわれが発災直後に行った道路啓開作業などは、専門的な技術に加え、土地勘があるからこそ迅速に実施できたものと考えている。

　われわれも被災していたが、復旧作業にあたった技術者・作業員は、道路啓開やがれき撤去に加えて、行方不明者捜索にも協力した。命と向き合う大変つらい仕事であったが、この仕事はわれわれにしかできないという使命感が原動力となって、仕事をやり遂げることができた。

　さらに、仙台市とわれわれ協会が災害協定を締結していたことが大きな力となった。特に、発災前年に、市と建設業協会が共同で実施した定期訓練が初動期の迅速な活動開始に寄与した。災害復旧の主体となる公共と何をやるべきか事前に共有することが、いざというときの迅速かつ円滑な初動対応につながると改めて認識した。

公助よりもまずは自助、そのために備えよ

　東日本大震災において、100万人に満たない津波被災地域に対して、阪神・淡路大震災の5倍以上の約10万人態勢による自衛隊の救援活動などが展開されたが、救助や応急復旧まで多くの時間を要した。東日本大震災の被害を大きく超えることが想定されている南海トラフ地震や首都直下型地震等の巨大災害が発生した場合には、迅速な公助が期待できないため、発災から1週間は、自助で対応する必要がある。

　また、非常時には、通信も途絶する。家族内でも、家族全員で災害時の集合場所・連絡方法などの約束事を決め、災害に備えた水・食糧などの必要な物資を自ら備えておく必要がある。

　例えば、真夏に、首都直下型の巨大地震が発生した場合、ライフラインが応急復旧等するまでの間、体育館などの冷房もない避難所に多くの人が集まれば、脱水症状や熱中症となってしまう。このような事態が発生した場合、自分の家族などを守るために、自動車で別の場所に避難させることも想定しなければならない。東日本大震災では、燃料も当初調達が困難であったので、被災者は自動車のガソリンタンクを半分以下にしない傾向にある。われわれ建設会社もガソリンタンクが4分の3になったら補給するようにしている。また、備蓄する

水分は、スポーツドリンクやお茶ではなく、炊飯やカップラーメンなどを食べるため、水でなければならない。

「千年に一度は明日かもしれない」という危機感を持つ

おわりに、津波が予測されている地域において、東日本大震災に関わる講演をした際に、多くの方々が危機感を持っていなかったことについて紹介する。

例えば、5mの津波が予測されている地域においては、2階建ての戸建住宅は、浸水し流出することが想定されるが、自らの地域の津波の高さがどれくらいかも意識していなかった方々も多くいた。災害はいつどこで発生するかはわからないが、少なくとも被害が想定されている地域にあっては、千年に一度は明日かもしれないという危機感を持って、まず、自らを守ることを念頭に、事前に備える必要があると考えている。

東日本大震災の際に、わが国および世界中の方々から支援をいただいたわれわれは、この度の経験・教訓について、次の世代や今後災害に備える地域の方々に対して、発信し継承していくことが恩返しであり責務であると考えている。災害への事前の備えが促進され、巨大災害が発生した場合の被害が可能な限り低減されるよう、われわれは、今後も情報発信等に努めていきたい。

以上、本稿が、それぞれの学校教育現場における防災まちづくり・くにづくり学習の授業づくりの基礎情報となることを祈念しつつ、本稿を終えることとする。

第Ⅱ部

防災まちづくり・くにづくり学習と学校

第1章
「生き抜く力」を育む津波防災教育の試み

片田敏孝

（群馬大学大学院理工学府教授）

防災は文化である

　釜石での防災の取り組みは、大人を対象とした講演会から始まった。多くの人々は50年や100年に一回来るか来ないかの津波の話をされるよりも、今日明日の生活に追われて暇もなく、防災講演があるからといって自主的に参加する人はほとんどいない。それは別に防災意識が高いとか低いとかいう話ではない。それでも津波の危機がすぐそこにある以上は何とかしないといけないので、押しかけてでも防災講演会を頻繁にやっていた。しかし、防災講演会を繰り返していると毎回毎回同じような顔ぶれになってきて、いくらやっても徒労のように思えてきた。そこで、子どもたちの教育に目を向けた。少し時間はかかるかもしれないが、子どもの教育は10年やれば彼らは大人になり、もう10年やったころには最初の子どもたちはそろそろ親になる。そうすると世代間で知恵が継承され、最終的には災害文化として定着する。そのほうが早いのではないかと考えた。

　ただ、最初に学校へ行ったときには、先生方は「津波防災教育も大事」とは言うものの、通常の教科科目だけではなく、国際教育や環境教育もあり、行事も目白押しの中で、なかなか防災教育をやろうとしてくれなかった。それでもここは津波の常襲地域であって、今の子どもたちが生きている間に必ず津波が来る。しかし、避難しない地域の大人たちに育まれた子どもたちのままだったら、その日そのとき、子どもたちは生き抜けない。国際教育も環境教育もよいが、まず命あってではないのか、と教育委員会を説得し、釜石市内全域での防災教育をスタートさせた。

　そうして始まった防災教育だが、言うまでもなく釜石市内にある14の小中

学校 3,000 人の生徒に対して全部の授業を筆者がやったわけではない。教育委員会と連携して釜石市内の小中学校の先生方が熱心に指導にあたってくださった。だからこそ、いわゆる "釜石の奇跡" は達成できた。

先に断っておくが、人口 4 万人の町で 1,000 人以上の方が亡くなっており、子どもも 5 人が亡くなっている以上は、決して成功事例ではない。しかし、それであっても、精一杯の避難をしてくれた子どもたちを褒めてあげたい。そんな思いで釜石の先生方と取り組んだ釜石の防災教育を紹介する。

防災教育をめぐる 3 つの方法

まず、防災教育を行う方法は主に 3 つあると考えている。脅しの防災教育、知識の防災教育、姿勢の防災教育である。最もやってはいけないと思うのが、「脅しの防災教育」である。釜石は明治三陸津波のときに、当時の人口 6,500 人のうち 4,000 人が犠牲になるという壊滅的な被害を受けた。その後、昭和三陸津波とチリ津波でも多くの人が亡くなったという歴史的事実もある。それらを持ち出して、子どもたちに釜石は危ない町、逃げなきゃだめだ、と教示する教育が脅しの防災教育であり、これはいわゆる恐怖喚起のコミュニケーションである。しかし、恐怖心を駆り立ててにわか仕立てで作った意識は、一晩経てば元に戻ってしまい効果がないどころか、単に釜石を嫌いにさせてしまうだけで終わる。これはやってはならない。

次に、学校現場でよく行われているのが「知識の防災教育」であり、知識を与えることで適切な対応行動を導こうとするスタンスの教育である。しかし、知識だけで適切な行動を誘導することはできない。それどころか、単に知識を与えるだけでは災害イメージが固定化され、まさしく想定にとらわれる状況をつくりあげてしまう。そしてそれが、いざというときの柔軟な対応の阻害要因になってしまう。このような知識だけに委ねる教育もまたやってはいけないと考えた。

では釜石でどのような防災教育をやってきたのかといえば、「姿勢の防災教育」である。自然というものに向かい合って、どう生きるかという姿勢の問題について、きびしく子どもたちに迫った。子どもたちに教えた姿勢の具体は "避難の三原則" に集約されるが、その前提として、なぜそういうことをやらなけ

ればならないと思ったのかを説明する。

日本の防災が抱える課題

　防災教育では、東日本大震災で目にしたような想像を絶する悲惨な状況の中にあっても、子どもたちに生き抜く力を育まなければならない。しかし、日本の子どもたちは、得てして加護の対象として手厚く守られており、自分の命が危なくなる経験が生まれてこの方ほとんどない。例えば、海外に行って裏路地に歩み入ると、どこのまちも大なり小なり身の危険を感じることが時々あろう。そうした環境のない日本の子どもたちに、生き抜くという姿勢をどう与えていくのかは本当に難しい課題である。

　そんな中で、東日本大震災に対して想定外という言葉がよく使われる。相手が自然であればどんなことでもあり得ると考えれば、今回のことも想定内といえるが、こうした話をしても防災上は意味がない。ある一定の外力を想定して、そこまでを守ることをもって防災という。そうであれば、想定した外力を超えるから災害になるのであって、あらゆる災害は常に想定外ということができるが、世間一般で言われる想定外がここまで踏まえているかは甚だ怪しい。

　そして、これまでの防災の何が悪かったかというと、防災に、すなわち想定にとらわれすぎたというところに、一番大きな問題があったと考えている。その問題が顕著に表れているのがハザードマップである。今回、ハザードマップで危険と示されていた地域の人たちはもちろん逃げた。一方で今回、多くの死者を出したのは、ハザードマップでは危険とされていなかったにもかかわらず、実際には津波が来た地域であった。そうした地域の人たちは、ハザードマップという想定にとらわれすぎたからこそ、命を落としたと言わざるを得ない結果を招いてしまった。本当に考えさせられる問題である。

　しかし、構造物にとっての想定外、つまり堤防が1000年に一回と言われる津波で機能しなかったからといって、その想定を上げればよいと考えるのは拙速である。それでは、海岸が全部コンクリートで固められてしまうし、人々はそんな日本に住みたいとは思わないであろう。そういう発想をしている限り、日本の防災はよくならない。

　こうした日本の防災の根底にある深刻な問題は、主体性のなさである。防災

という自然に対する安全を、行政から与えられた防災にすべて委ね、疑うこともなく、行政から与えられた防災の範囲に自然の営みがとどまると考えている。そのため少しでも想定を超えると、それを防ぐ術を持ち合わせていないのである。

それを助長するのが災害に対するリアリティのなさである。その昔、堤防がなかった時代には、小さな洪水を何度も経験する中で、地域みんなで災いをやり過ごす知恵を共有し、そのコミュニティによって地域の防災力を維持していた。ところが現代は防災施設の整備によって小さな災害はすべて防がれ、襲ってくる災害は100年に一回の大災害のみである。平均して100年に一回という時間間隔は、ひいおじいちゃんの時代にはあったらしいという、感覚的にはほとんどあり得ないくらいの話で、自然を制圧したかのごとく勘違いしてしまう。そうして、行政の防災でわれわれは守られているがゆえに、行政の言うことを聞いておけば大丈夫という、主体性を欠く態度を醸成するための条件が整っているのが日本の防災である。

このような背景を踏まえ、筆者は次のような感覚でいつも防災をやっている。

「大いなる自然の営みに畏敬の念を持ち、行政に委ねることなく、自らの命を守ることに主体的たれ。」

改めてこう書くと、説教じみた感じにはなるが、それでもやはり、ここに防災の本質があると考えている。それを子どもにもわかりやすいように"避難三原則"と表現している。その三原則とは、"想定にとらわれるな""最善を尽くせ""率先避難者たれ"である。

想定にとらわれるな

避難三原則の第一項目は、"想定にとらわれるな"である。端的に言えば、ハザードマップを信じるなということである。子どもたちにハザードマップを見せると「俺ん家セーフ、お前ん家アウト！」と大騒ぎになるが、大人でさえハザードマップをもらって無色になっていたら嬉しいであろうし、それは仕方がない面もある。しかし、釜石で公表されていたハザードマップにおいては、あくまで明治三陸津波がもう一回あったら無色のところは大丈夫と言っているだけであって、それよりも大きい津波が来たら安全は保障できない。そのこと

を説明し、そういう想定を信じるなということを第一に言っている。そしてこれは大人にも当てはまることで、これまで防災というものに守られてきたがゆえに想定を信じ、それ以上の発想、それ以上の主体的な行動が生じようがないような教育になっているのである。まずは、それを払拭することから始めなければならない。

　このような教育内容は、子どもたちが今まで受けてきた教育とは全然違う。基本的には、先生の言うことは正しく、教科書は正しく、印刷物は正しいという知識習得型の教育しか受けていないところに、先生が資料を配って開口一番、こんなものは信じるなと言う。それをあえて配って、こういうものは信じるなと言うことでしか伝えられないこともあるのである。

最善を尽くせ

　2点目は、その状況下において "最善を尽くせ" ということである。これは、相手が自然である以上はどんなことだって起こり得るが、とにかくそのときに君ができることは、最善を尽くすしかないということである。最善を尽くしても力及ばぬことがあるかもしれないが、それは仕方がない。一方で、子どもたちは日ごろ、頑張れば報われると言われているのに、あえて報われないかもしれないと言ってしまうのは身も蓋もないという気もするかもしれないが、ここで教えていることは、自然に向かい合うという姿勢そのものなのである。子どもはそういう教育を受けたこともないが、考えることはあるようで、特に中学生は、「うーん」とうなり、おそらくわかってくれているのであろう。ではこれを、大人になってから素直に理解してくれるかといえば、それはなかなか怪しく、「そりゃそうだけどなぁ」とか「大学の先生のいうことはいつもようわからん」という話になってしまうのが大人である。ところが子どもは、言われるとストレートに、そうだなと理解してくれる。今回はこの姿勢を与える教育が、功を奏したと感じている。

率先避難者たれ

　誰それかまわず真っ先に自分の命を守り抜け。こう教える背景として、いくら避難の意思があっても人間は逃げない、逃げられないという心理が作用する

ことがある。その場そのときで、リスク情報に対して合理的な判断ができないのが人間らしい姿であり、人間とはそういうものだということをしっかり教えなければならない。そのうえで子どもたちには、まず自分の命を守り抜け、"率先避難者たれ"ということを教えてきた。これも、子どもたちが普段教えられている倫理観とは異なっており、「自分だけよければいいのか？」という戸惑いが生じる。しかし、そこは躊躇するなと明解に言わなければならない。君が自分自身の命を守り抜けば、周りのみんなの命が助かることを説明する。

　教室で火災報知器の非常ベルが鳴ったら逃げなければいけないことはみんな知っているのに、誰も逃げようとはしないだろう。それはなぜだと思うか、子どもたちと議論する。非常ベルが鳴ってこの部屋から最初に飛び出して行くことを想像すると、それが間違いだったら恥ずかしいと思うのではないか。そうしてみんなが疑心暗鬼の中で、逃げなければいけない状況であることをわかっていながらも逃げ遅れ、一網打尽にみんなまとめて犠牲となってしまう。つまり、人間というのは避難しないという意思決定をするのではなく、避難するという最後の意思決定ができないのである。そんな状態で、もし誰かが走り出したら、みんなつられて逃げるであろう。それをブレイクスルーするのが君であり、"率先避難者たれ"と教えている。自分の命を真っ先に守る勇気が、多くの人を救うことにもなるのだと教え、子どもたちの避難を躊躇する心を払拭した。

徹底した避難三原則・大津波から生き抜いた釜石の子どもたち

　釜石東中学校と鵜住居小学校は並んで建っている。2011年3月11日14時46分、5分くらい続く震度6強の揺れがあり、明らかに異常であることがわかった。一番初めに走り始めたのは、グラウンドに出ていた釜石東中学校のサッカー部の中学生たちであった。彼らは、校舎に向かって「津波が来るぞ、逃げるぞ」と言いながら揺れているさなかから、小学校に向かって走り始めた。それを聞いた校舎内の中学生たちも次から次へと降りて来て走っていく。

　ところが、隣の鵜住居小学校は耐震補強が終わったばかりの鉄筋コンクリートの建物で、さらに津波ハザードマップの危険域外であったため、鵜住居小学校の先生は3階に上がるように小学生たちに指示していた。しかし、日ごろか

らこの2つの学校は合同で避難訓練をやっており、小学生からするといつも一緒に避難訓練をやっている中学校のお兄ちゃんお姉ちゃんが、血相を変えて「津波が来るぞ、逃げるぞ」と言って校舎の前を横切って行くのを見て、3階に上がりかけていたのをやめて合流した。合わせて600人の子どもたちが、800m先のございしょの里という、学校の先生があらかじめ決めていた避難場所まで走った。

　中学生はいつも避難訓練に取り組む中で、地域のお年寄りにも「おじいちゃん逃げられますか？」と声をかけたりしていたために、鵜住居地区において津波のエキスパートは彼ら中学生だという意識があった。その中学生が走って逃げている姿を見て、近所のおじいちゃんおばあちゃんも「こりゃまずい」と合流してくる。あるいは鵜住居保育園の先生は、大丈夫だろうと思っていたところに、中学生を筆頭にみんなが走っていくと、さすがにまずいと思い、園児たちの手を引いて坂道を駆け上がっていった。中学校の女の子たちも園児たちを抱きかかえてございしょの里まで逃げた。

　ひとまず避難ができて、点呼を取ったりしている中で、崖の近くにいた中学生が、崖が崩れかけているのを見つけて、「先生ここじゃだめだ、すぐに逃げなきゃだめだ」と進言した。津波ハザードマップを見れば過去の浸水域からも500mほど距離があり、園児も小学生も老人もいて、さらに移動するのはそれなりに大変であった。しかし、それでも中学生の「先生ここじゃだめだ」という進言に基づいて、ございしょの里からさらに数百メートル先の介護福祉施設までみんなで走った。全員がその介護福祉施設の中に逃げ込んだ、そのわずか30秒後、津波が子どもたちの逃げ込んだ施設のすぐ下のところで止まった。最初に避難したございしょの里は完全に津波にのまれており、わずか30秒という本当にギリギリのタイミングであった。

　小学校でも保育園でも先生が大丈夫だろうと油断している中、中学生たちは本当によくやってくれたと思う。津波のあとに学校に行くと、鵜住居小学校の3階に軽自動車が刺さっており、津波は学校の屋上を超えていた。もし、ハザードマップを信じていたら、600人の子どもたちは全員犠牲になっていたことは想像に難くない。本当に、ハザードマップを信じるなと言っておいてよかった。この一事だけで教育をした価値はあったなと思うほどである。そして、ござい

しょの里というあらかじめ決めておいた避難場所に、もしそのままとどまっていたら、あるいはもう少し判断が遅れていれば、全員無事ではすまなかっただろう。

　想定にとらわれるな、最善を尽くせ、率先避難者たれ。中学生たちはこの三原則を、そのまま見事にやってくれた。筆者の防災教育では、相手は自然だからその中でできることは最善を尽くすことのみだと言っているだけであって、教えたことは2つ、津波が来るよりも先に逃げろ、津波よりも高いところに逃げろ。その2つだけであった。教えたのはマニュアルでも、知識でもなく、「姿勢」であり、そこに防災教育の重きを置いているのである。

子どもと親の信頼関係ありきの津波てんでんこ

　最後の授業で子どもたちに、「先生は君たちには絶対に逃げてほしい。でも君たちが逃げたあとに君たちのお父さん、お母さんはどうするだろうか」と問うと、子どもたちの顔はみんな一様に曇った。お母さんは絶対にぼくを迎えに来てくれる。そして、それは母親の命を危ない状況に置くことになる、子どもたちは防災教育の中でそのことをわかっている。

　だから、子どもたちには今日家へ帰ったら、お父さんやお母さんが信じてくれるまで、「お母さん、ぼくは絶対に逃げるんだ」と言わせる。それを信じてくれなかったら、お父さんやお母さんは迎えに来てしまう、と授業で子どもたちには伝えた。

　一方で、最後の授業は参観日にあたり、親にも説明した。突飛に感じるかもしれないが、今日家に帰ったら、子どもたちは「お母さん、ぼくは逃げるから、お母さんも逃げて」と一生懸命言いますよ、と。その背景を説明し、お願いもする。子どもたちは、お母さん、あなたの命の心配をしている。自分は逃げるつもりでも、お母さんがぼくを絶対に迎えに来てくれてしまうから、お母さんの命が危ないということを本当に憂いている。だから、今日はまず子どもとちゃんと向き合って、子どもの言うことをしっかり聞いて、お母さん自身が「うちの子は絶対に逃げるんだ」という確信が持てるまで、子どもと話し合ってほしい、と。それで子どもに言ってあげてほしい、「わかった。じゃあお母さんも逃げる」。そして最後に約束してあげてほしい、「あとで必ず迎えに行くから」。

81

これを最後の授業で言った。これはまさしく「津波てんでんこ」である。つまり津波のときには老いも若きもてんでばらばらで逃げるということであり、表面的な捉え方をすると非常に薄情である。自分の子どもでも無視して逃げろと言われても、当然そんなことができるはずがない。それでも、そんな言葉をなぜ先人は残してくれたのかというと、やはり、家族の絆が逆に被害を大きくしてしまうからである。そんな悲しい事例がたくさんあり、苦渋に満ちたその中で、言い伝えてくれているのがこの「津波てんでんこ」という言葉である。

だから、この言葉を単にてんでばらばらに逃げろなどという雑な理解をすべきではない。一人ひとりが自分の命に責任を持つことはもちろん、それぞれの命に責任を持つということを、家族がお互いに信頼し合っている。そうすれば家族一人ひとりが命を守り抜ける。そんな家庭であれ、と教えているのである。

海とともに生きるための「お作法」としての防災教育

津波防災を教えるときに、津波の話からするのはやめてくれと先生方にお願いしている。筆者は子どもたちにこんな話をした。

「先生は岐阜県で生まれて、今は群馬県に住んでいる。そこに海はない。海は綺麗だし、なんといっても魚は美味しいし、釜石は大好きだ。君たちはいいなぁ。こんな海に、自然に思いきり近づいて、恵みをいっぱいもらっていて。そんな君たちの暮らしを先生はうらやましいと思う。だけど、自然に思いきり近づいて、恵みをいっぱいもらうということは、時々、それも50年100年に一回なんだけど、自然の大きな振る舞いに付き合わざるを得ない。でも心配するな。その日そのときだけ、それをやり過ごすということを学んでおけばよい。それを身に付けるのが、この地に住まうお作法だ。だからそのお作法を学ぼうじゃないか。」

子どもたちにはそういう防災教育をやってきた。はじめからからここは危ない、明治三陸津波でも4,000人が犠牲になったという話から入る脅しの防災教育では、子どもたちは釜石を嫌いになってしまうし、誇りをもって地域に住むことができない。加えて言うなら、怯えながら地域に暮らすことは健全な生き方とも思えない。

この地は自然が豊かだからこそ多くの恵みを自然からもらい、その一方で、

ときには大きな自然の振る舞いもある。だからこそ災いをやり過ごす方法をお作法として身に付けて、未来永劫自然の恵みを受け続ける。そんな君たちであればいいんだと子どもたちには言わなければいけないと思う。

今回、子どもたちの大半は生き抜いてくれた。それはちゃんとお作法を身に付けたからだと考える。子どもたちへの防災教育は、さすがにまだ再開できないが、もう少し経ったら子どもたちに次のことを伝えようと思う。

「君たちは立派にお作法を身に付けた。これからもこの地で自然の恵みをいっぱい享けるし、この地に住まうことを誇りに思ってほしい。そして、この地の復旧・復興ということに対して尽力してもらいたい。さらに、そのお作法は未来に引き継いでいってもらいたい。」

第2章
学校における地震防災対策

矢崎良明
（板橋区教育委員会安全教育専門員、鎌倉女子大学講師）

　筆者は平成19年度から学校現場でさまざまな防災教育を進めてきた。緊急地震速報の報知音を利用して、子どもたちが自発的な危機回避能力を身に付けるための避難訓練の取り組み。建物の耐震化は進んでいる一方で、建物内にある非構造部材の耐震化の問題。学校が避難所になったときに、地域住民が主体的に避難所を開設する必要があること。それら3つの取り組みについて紹介する。

避難訓練の改善

　緊急地震速報は一般的にかなり知られるようになってきた。全国の学校では緊急地震速報の報知音を利用した避難訓練が少しずつ導入されている。それはどのような訓練で、今までの訓練とどう違うのか。

（1）今までの避難訓練

　今までの避難訓練は、先生が「地震です、机の下に隠れましょう」と言って、子どもたちは机の下に隠れ、しばらくしてから「揺れが収まりました。校庭に避難しましょう」と指示を出し、子どもたちは校庭に避難するといったように、先生の指示に従うだけであった。こうした訓練では、先生の指示に従うことはできても、自分の力では危険を回避することはできない。このような今までの避難訓練では次の2点が課題となる。

　1つ目は、実際に地震が来るのは、授業中教室にいるときだけではなく、休み時間や給食のとき、夏であれば水泳の時間かもしれない。近くに机がなく、机の下に隠れるというわけにはいかないのである。その時々の状況にあわせて自分で考えて判断できるようにしなければ、実際の地震のときには役に立たないであろう。

2つ目は、校庭に出ることが避難であるという古い先入観で行われる訓練に問題がある。昭和57年度以降の新しい耐震基準で建築された建物や、後に耐震化していれば、大地震でも鉄筋コンクリートの建物はまず大丈夫であるといってよい。一方、室内では地震で照明が落ちたり、ガラスなどが飛び散ったりしている状況も想定される中で、校庭に出ようとすることはかえって子どもたちを危険にさらしかねない。また、校庭に出られない場合もある。例えば、東日本大震災でも液状化で波打っていて校庭に出られなかった学校があったり、雪と寒さで校庭にいられなかったりした学校があった。また、大雨や雷などのときは校庭に出ることもできない。従来通りの避難訓練のように、避難＝校庭に出る、という訓練ではなく、室内で安全な場所に避難することが大切である。そして室内で安否確認ができるような訓練が大切である。

(2) 改善した避難訓練

これまでの型にはまった避難訓練の問題点を鑑みて、筆者が以前勤務していた板橋区立高島第一小学校では、玄関をはじめ職員室などに緊急地震速報の受信装置を設置し、それを利用した避難訓練を年間5回以上実施している。重要なのは子どもたちが自分で安全な場所を見つけられるかどうかである。これまでの避難訓練のように先生の指示のもとに、みんなが一斉に行うのではなく、緊急地震速報という実際の地震発生時にも使われる報知音を利用することで、先生の指示ではない実際の緊急地震速報の報知音に反応して避難行動を取る、という実践的なものとなるのである。

そして安全な場所に避難するときに重要なのが「落ちてこない」「倒れてこない」という合言葉である。それを徹底して叩き込み、緊急地震速報の「ティロンティロン」という報知音に反応してすぐに、自分のいる場所に一番近くて、上から物が「落ちてこない」場所かつ横から物が「倒れてこない」場所に避難できるように訓練している。

例えば、休み時間に訓練を行ったときには、たまたま音楽室にいた子どもたちも音楽室は机がないので、木琴の下や椅子の下

太い柱のそばに寄り頭を守る

木琴の下に隠れる

にすぐに身を隠す。そして、避難したあとに、自分たちが隠れた場所が適切だったかどうか、子どもたち自身に議論をさせる。木琴はキャスターが付いていて危ないのではないか、柱の近くであってもガラスが割れたら危ないのではないか。そうしたことを自分たちで考えさせ、自分たちで自分の身を守れるような訓練を行っている。

　さらに、東京大学地震研究所の協力を得て、地震と防災についてわかりやすく学んでおり、自然と身に付いた防災意識の高さには、「どういうふうに避難するか叩き込まれているので、子どものほうが落ち着いている」と、保護者からも驚きの声が寄せられている。

　ところで、学校によっては緊急地震速報が設置されていない場合もあるだろうが、そうした場合に地震の発生をどう子どもに伝えたらいいのかについても検討を重ね、そこで考えられたのが先生たちの手による、手動緊急地震速報である。職員室にいる先生がケータイやパソコンで緊急地震速報を受信するとすぐに、校内放送の機械まで駆けつけて、あらかじめCDに録音されている報知音を再生する。職員室には必ず一人を常駐させるようにして、緊急地震速報を受信したらすぐに放送できる体制をとっている。

　もちろん、首都直下地震のような時間的に余裕のない場合には揺れのほうが先に来るかもしれないという課題は残るが、例えば東北地方太平洋沖地震であれば、緊急地震速報から揺れ始めまで東京では約70秒の時間があったので、こうした方法でも十分に間に合うのである。

　いずれにしても子どもたちは、わずか数秒の間に各自で考えて、避難場所を見つけて頭を隠さなければならない。地震はいつ起こるかわからないうえに、もしかしたら緊急地震速報が鳴らない場合もあるだろうし、先生から指示が出ない場合もあるかもしれない。そうした場合でも子どもが自ら対処できるよう、"落ちてこない、倒れてこない"を合言葉に日ごろから訓練を重ねている。

　以上、緊急地震速報を利用した避難訓練の一部を紹介したが、ここでは緊急地震速報が大切なのではなく、緊急地震速報の音や揺れに反応して、子どもが

自分で考えてすぐに回避行動がとれるということが大切なのである。また、緊急地震速報はこれからますます普及していき、家庭でもラジオやテレビで流れるし、学校でも緊急地震速報の導入が始まっている。どんな場所であっても子どもたちがすぐに、自分で自分の命を守れる、という習慣を身に付けておくために、日ごろからこうした訓練を積み重ねている。

非構造部材の耐震化

(1) 学校における非構造部材

　現在の日本においては耐震化された建物、特に新しい耐震基準で建てられた公共施設は、地震によって倒壊することはほぼないといってよいのではないか。東日本大震災では、学校が津波や津波火災で大きな被害を受けたが、校舎が倒壊したということはなかった。地震で問題となるのは建物の中にある。天井や照明など建物本体以外の部分、非構造部材の耐震化の問題である。東日本大震災でも、多くの学校で非構造部材が壊れて落ちてきたり、倒れてきたりする被害が出ている。特に天井材が一番の問題になっており、その要因には、天井に耐震基準がないということが挙げられる。文部科学省でもこのことを重視し、天井の耐震化について委員会を設置して対策を進めている。天井や壁、照明など建物本体以外の物を非構造部材と呼ぶが、学校はここに弱さがあり、学校の職員も非構造部材の耐震化が重要であることの意識が薄いのが現状である。

　平成22年3月には、文部科学省が『地震による落下物や転倒物から子どもたちを守るために～学校施設の非構造部材の耐震化ガイドブック～』(図表Ⅱ-2-1は平成27年3月改訂版) を出しており、この中に地震を想定した学校内の安全点検チェックリストがある。これを各学校で利用するようにすすめている。

図表Ⅱ-2-1　文部科学省・ガイドブック

(2) ガイドブックを利用した安全点検

　ガイドブックを使った非構造部材の点検とはどのようなものなのか、板橋区の学校での取り組みを紹介する。

学校の安全点検

　学校では、文部科学省のチェックリストをダウンロードして印刷し、それを使って各教室の安全点検を毎月行っている。ただ、教職員も非構造部材という言葉になじみがない。そのため、ガイドブックの点検項目にしたがって、教員全員で校舎内を回ってどんなものが非構造部材であるか、どんな危険があるか確認をしていった。

　まず、どの部屋にもある窓ガラス、点検のポイントはクレセントと呼ばれる窓のカギの状態である。窓が閉まっているときはクレセントを掛けておくことが重要であり、これが破損していないかチェックする。教室の棚やロッカーも、揺らしてみると簡単に大きく揺れる場合がある。壁に固定されていない場合もある。他にも、テレビや書籍、ピアノ、照明などがチェック項目になっている。このチェックリストは、学校の事情に応じて点検項目を加除訂正追加できるように工夫されている。

　このような非構造部材の耐震化が大きな問題になっているため、文部科学省で作成されたガイドブックにしたがって、毎月の詳細な点検を進めている。

学校の避難所運営は地域住民の手で

　最後は学校が避難所になったときの問題である。地域住民の多くは、学校の避難所を利用するときに、学校の職員がいろいろと世話をしてくれることを期待しがちである。しかし、教職員は子どもの安全管理と、子どもの安否確認、教育活動の再開などの仕事が優先され、避難所の運営に時間を割くことは困難である。

（1）学校に職員が勤務している時間の割合

　地震は365日、24時間いつでも起こり得る。すなわち、365日×24時間＝8760時間、地震がいつでも起こる。一方教員が勤務している時間は1日8時間、年間245日の勤務とすると、8時間×245日＝1960時間である。学校に職員がいる時間の割合を計算すると約22％で、残りの78％は学校に誰もいなく、建物だけがあるのである。

このことから、夜間や休日に学校の避難所を開設しなければならないときは、避難所を利用する地域住民が開設・運営に積極的に携わらなくてはならない。

　学校に子どもがいるときに地震が起きれば、教職員はまず子どもの安全管理、安全確保をしなければならない。そのうえで、余裕があれば避難所の開設を手伝うことも可能である。一方で、子どもたちが下校し、職員も退勤したあと、学校に誰もいないときはどうするか。

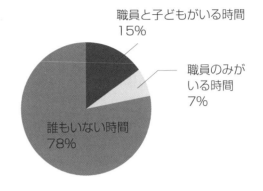

図表Ⅱ-2-2　学校に職員がいる時間と誰もいない時間の割合

職員と子どもがいる時間 15%
職員のみがいる時間 7%
誰もいない時間 78%

　教職員は校長の指示で学校に集合する。まず何よりも優先するのが子どもの所在確認、安否確認である。自宅にいるのか、親戚の家にいるのか、避難所にいるのか、子どもたち一人ひとりがどこにいて無事かどうかの安否を全部調べなければならない。

　筆者は実際に、新潟県中越沖地震のときに新潟県の柏崎小学校に行き、校長先生に話を聞いた。子どもの所在・安否・連絡先の確認のために全職員が費やした時間は2日半ということであった。所在を確認するのに、教員が手分けをして、避難所を回って確認するなど多くの人を必要とした。このような中で、避難所の設営にも協力をしなければならない。

(2) 地域住民による避難所開設訓練

　夜間や、休日の学校に職員が不在のときに、地域住民が自らの手で、避難所を開設できるように訓練をしておく必要があることはここまで述べてきた。次のような事例もある。ある地区では、町会長が非常時のために学校のカギを預かっている。10年ぐらい預かっているが一度もカギを使って学校の門や校舎を開けたことがないと言うので、実際に開けようとしてみたものの、どこの鍵かわからず学校を開けられなかった。それをきっかけにして、地域住民による避難所開設の訓練を企画するようになった。次のような手順で、訓練を実施した。

①午前9時地震発生、役所より避難所設置の指示
②地域の防災担当者が学校に集合し、門や校舎のカギを開ける
③受付のテーブルを出して、受付カードを用意する
④体育館にブルーシートを敷き、受け入れの準備をする
⑤避難所となる体育館や教室の案内や、立ち入り禁止区域等の掲示をする
⑥門から入ってくる避難民を校庭に誘導する
⑦地区ごとに校庭に並ばせ待機させる
⑧受付に誘導し、受付カードを記入してもらう
⑨体育館に誘導する
⑩体育館内で場所を指定し待機させる
⑪避難民が集合したら、説明をする
⑫防災用の設備や器具について説明する

受付テーブルの用意　　　　　　　避難民が公園に待機

　この一連の流れを地域の住民やPTAが中心となり、学校の職員も協力して訓練をしている。
　地震はいつ起こるかわからない。地域住民一人ひとりが地震災害に対する意識を高め、自らが避難民でありかつ、避難所を開設する一員であることを意識するために、このような訓練が大切である。

第3章
生徒が主体的に活動する防災学習

齋藤和宏
（女川町立女川中学校主幹教諭）

　宮城県の女川中学校で、防災担当主幹教諭として取り組んできた内容を紹介する。女川中学校は宮城県の牡鹿半島のつけ根にある女川湾を望む、海抜30mほどの高台にあり、東日本大震災の津波による被害はほとんど受けなかった。しかし、女川町内の平野部は、ほとんどのところが津波で被害を受けている。

　平成25年以前は、前任者が防災担当主幹教諭として活動しており、その活動の紹介から始める。

女川いのちの石碑

　女川中学校では、平成23年度入学生が社会科の時間に「津波対策案」の作成に取り組み3つの対策案を立てた。この取り組みは、さまざまなメディアに取り上げられたものである。

・絆を深める。

・高台に避難しやすいまちをつくる。

・記録に残す。

　3つの対策案は上記の通りである。これらを町議会の防災会議で発表し、さらに平成24年の7月には世界防災閣僚会議でも発表した。

　対策案の3つ目「記録に残す」の活動として、「女川いのちの石碑」がある。女川には21の浜があり、それぞれの浜の津波到達点よりも上の地点に石碑を建て、「この石碑よりも上に逃げて下さい」というメッセージを入れる。この活動は、生徒の提案から始まり、募金を呼びかけて作っていこうということで、平成25年2月ごろから始まった。多くの募金が集まり、約半年後の9月にはすでに目標額に達した。石碑は、1基約45万円で、21基でおよそ1,000万円

が必要ということだった。石碑を建てるにあたって、県内の石材店のご厚意により、無償で提供してもらった。このように、生徒たちの活動に賛同した多くの人々の支援により石碑の建設が始まった。

　平成25年11月23日、女川第一中学校（現女川中学校）の敷地内に1基目が完成した。「千年後のいのちを守る」というスローガンのもと、生徒たちの発案に始まり、多くの人々の協力によって動き出したこのプロジェクトは、多くのメディアにも取り上げられた。彼らが20歳になるまでに21基建てることを目指して建設が進められ、平成26年8月現在で5基目まで完成した。

平成25年度の取り組み

　避難訓練は、実施する時間を明らかにしない抜き打ちのかたちで行った。また、学校が30m以上の高台にあるものの、その想定以上の津波が来たときのことも考え、さらに高いところにある浄水場への避難訓練も行った。

　そうした避難訓練の前後は、防災に関する学級活動を行った。例えば3年生は、避難訓練の反省会を行い、どんなことに困り、どんなことを考えていかなければならないかを話し合った。話し合った内容を、ポスターにして掲示することで、他のクラスや他の学年の生徒も、その内容を知ることができるようにした。1年生は、災害対応教材「クロスロード」を行った。必ずしも正解があるわけではないさまざまな場面を想定したジレンマ状況の中で、葛藤しながら、どうするのがよいのかを考えていく。そのような「考えるくせ」を付けていくことにより、実際の災害が起きたときさまざまな状況で、自分なりに判断したり、対応したりできるようにさせたいという目的のもと、この教材に取り組んだ。

　避難訓練とは別に、防災教室というものも行った。学校が建っている場所の名前をとって「まるこ山防災教室」と名付けた。「レスキューコース」「クッキングコース」「サバイバルコース」の3つに別れており、レスキューコースでは、簡易担架の作製方法、腕にけがをしたときの応急処置、ロープの結び方などを消防署の協力のもとで学

レスキューコース「応急処置」

クッキングコース「ひねりパン」　　サバイバルコース「大型テント設営」

んだ。クッキングコースでは、避難所で炊き出しなどを行うときに使えるように、「ひねりパン」というパンを作る実習を行った。サバイバルコースでは、20人以上入れるテントを建てる訓練を行った。そのような実習形式で、災害への備えを学習した。

1年の最後には、これまでの防災活動を振り返るための集会を開き、3.11でどんなことを考えていたか、メッセージを書いてみんなで話し合う活動を行った。

千年に一度は明日かもしれない

以上のような活動を行ってきたものの、「前年までの防災活動で、本当に子どもたちの命は守れるのか」という疑念もあった。女川町は800名を超える死者を出すほど、かなりの被害を受けたものの、3年という月日の経過によって、生徒たちの防災意識は薄れ、その災害を忘れつつあるように感じていた。仮に、今地震や津波が来たらどうするかと聞かれたときに、自発的な行動で自分の命を守れるかというと、そうではないような感じがした。われわれ教員も、彼らの心のケアを第一に考えており、「もう一回地震が起きたらどうするか」ということをみんなで考える活動を、あまり行ってこなかった。そうした、「自らの命を自らの手で守る意識の高揚を、もっと自発的に、生徒主導で行っていかなければならないのではないか」という思いから、生徒が主体的に防災活動を行っていくための、生徒会の組織「防災委員会」を新たに立ち上げた。

活動開始にあたって、「千年後は明日かもしれない」というスローガンを掲

げ、「生徒一人ひとりの防災意識を高める」ことを目標として活動を開始した。その防災委員会の活動を紹介する。

生徒が主体的に行う防災活動

　1回目の防災委員会を平成26年5月9日に行い、委員長および副委員長を決め、防災備品の点検や防災訓練の準備など、活動内容の確認を行った。前年までは受動的に行っていた避難訓練も、防災委員を中心に、生徒主導で行うことを確認した。

　2回目は6月4日に、防災のための学級活動を、防災委員が中心となって行うために準備を行った。27名の死者を出した昭和53年の宮城県沖地震が起こった6月12日はみやぎ県民防災の日となっており、多くの学校が避難訓練を行っている。その訓練を前に、生徒主導の防災学活を行い、「最善の避難行動について考えよう」というテーマで話し合った。「避難訓練では何に気を付ければよいか」をみんなで話し合いながら確認するという学級活動を、担任教師ではなく、防災委員主導で進めた。「教室にいれば机の下に潜れるが、それ以外のところにいたらどうするのか」「一次避難で校庭に逃げるときに、どこの階段を通って避難するのか」「教室にいれば誘導を受けられるが、それ以外のところにいたらどうするのか」などのことについて各クラスで話し合った。

　3回目の防災委員会では、防災学活の反省を行った。防災委員にとっても学活の進行は初めてであったため、「あまりうまく進められなかった」という反省が多くあったものの、彼らなりに一生懸命取り組んだ様子がうかがえた。

　避難訓練を前に「ショート訓練」というものを行った。これは、避難をする前の初期対応、つまり、地震が起きたときに、自分の頭部を守るところまでを行う訓練である。この訓練によって、生徒一人ひとりに意識付けを行ったことで、初期対応のスピードが上がり、意識の高まりがみられた。

　当日の避難訓練では、実施する時間を知らせず、防災担当主幹教諭と、校長、教頭のみが知っており、他の先生方もいつ始まるかわからない状態で行った。昼休みの時間に行ったため、生徒はいろいろなところにいた。廊下にいたために、そこに置いてあった机の下に避難する生徒もいた。訓練のあと、防災委員が中心となって進行する全校生徒による集会で、話し合い、振り返りを行った。

集会後には、クラスに戻って学活を行い、避難する際に困ったことや迷ったことについて話し合った。たくさんの意見が出たが、中には私たち教員でも全然考えつかなかったことを、生徒たちが意見として出してきた。例えば、「トイレにいると放送が聞こえない」「同じ階段で下りると避難が遅れるので指定すべき」などの意見である。

避難訓練後の全体集会

　4回目の防災委員会は7月8日に行った。避難訓練の際に、やってみて困ったこと、迷ったことなど、各クラスの反省を防災委員が持ち寄って、話し合いを行った。加えて、7月11日の「まるこ山防災教室」を生徒主導で行うために、それに向けた役割分担の話し合いも行った。しかし、生徒たち自身で企画し、準備も整っていたにもかかわらず、台風の襲来により中止となってしまい、防災委員たちは非常に残念な思いをしていた。

生徒の安否確認を迅速にするスクールバスカード

　女川町では、ほとんどの生徒がスクールバスで登下校している。学区内の通学路はほとんどが津波の浸水地域であり、そうした地域は、復興のために、トラック等の大型車両がたくさん通っている。通学時にそのような地域を歩いて通うのは危険なため、小、中学校で合わせて10台ほどのスクールバスを運行している。

　ところが、平成24年12月7日17時18分ごろ、下校するためのスクールバスが生徒を乗せて学校を出たころ、三陸沖でM7.3の大きな地震が発生し、津波警報も出された。そのとき、スクールバスがどこに避難したかは把握できたものの、どのバスに誰が乗っているのかの特定が困難であった。そのために、生徒の安否を確認するのに非常に時間がかかった。そこで、「バスカード」というものを作ることで、どのバスに誰が乗っているのかの確認を容易にできるようにした。バスカードとは、名刺サイズくらいのカードで、通常乗るバスによって色分けをしており、どの停留所で降りるのかも記載されている。それを、普段は自分のカードと同じ色のボックスに入れてから、通常使うバスに乗り、

塾などで通常とは違う系統のバスに乗る際には、そちらのボックスにカードを入れる。そのような方法ですべての生徒の乗っているバスを把握できるようにした。

しかし、バスカードは作ったものの、管理や人数確認がしっかり行われず、なかなか有効に機能しなかった。そこで、震災後に設置した生徒会の防災委員が、そのバスカードを管理することにした。帰りの会のときに、防災委員がバスカードを各生徒に渡し、バスに乗るときに担当の先生に手渡す。そして、先生が数えてバスカードボックスに入れ、各バスに何人乗ったのか記録していく。子どもたちが管理することによって、バスカードの紛失や、入れる場所を間違えることが減り、有効に機能するようになった。

「バスカード」

このように、生徒が主体となって避難訓練や防災学習を行うことで、私たち教員が主導して行う以上に意識が高まり、主体的に考える生徒が増えてきたと感じる。まだまだ、やるべきことはたくさんあると思われるが、これからも生徒たちを中心に、「自分たちで自分たちの身を守る」という意識を持たせていきたいと考えている。

第4章
地域貢献型防災教育の取り組み

宮田龍
（高知市立城西中学校校長）

歴史に学べ

　地域貢献型防災教育として、まずは筆者が行ってきた潮江中学校での取り組みを紹介する。もちろん防災教育によって生徒自身の命を守ることも大事であるが、同時に地域の一員として貢献できるのではないか、貢献していかなければならないのではないだろうか、そういった想いで防災教育を行ってきた。

　まずは、地域の歴史を学ぶことから始めた。自分が住んでいる地域が、過去、どのような災害を経験してきたのか、特に今までの南海地震でどのような被害があり、先人はどのような対策を行ってきたのかを学ばなければならない。例えば土佐日記を見てもわかる通りで、潮江は潮の江、つまり河から海へとつながるところを指すものである。かの有名な紀貫之の出身地である大津、その地名が表すように、海との関連の深さがわかる。昔の地図を見れば、今ある潮江という場所は、かつては全部海の底であった場所で、それを埋め立てた、リスクの高い場所であることもわかるのである。

災害に対する危機感をリアルに想像させる

　そうした歴史の教育に加え、子どもたちに津波シミュレーション動画を見せ、実際の災害をイメージさせた。歴史教育では自分たちの今住んでいる場所も危険にさらされたことがあり、自分たちのおじいちゃんやひいおじいちゃん、あるいはもっと先の先祖が経験して、それを乗り越えてきたということが、頭では理解できるし、自分たちの地域のこととして想像もできるであろう。しかし、本当にそれを自分のまち、もっといえば自分のこととして考えられるようにしなければならない。そのために、今南海トラフ地震で津波が来たらどうなるの

か、それをリアリティのある映像として、自分の普段通っている学校周辺の景色に、濁流を合成した映像を見せることで、より現実的なものとして考えられるようにした。これは教員が作り、最悪の場合このようになるかもしれないというくらい、多少オーバーなものにした。

歴史的過程とシミュレーションを行うことで、これはいかんというイメージを持ったうえで、東日本大震災後の授業をスタートしていった。

3,000 枚の防災ポスター作成

震災の年、平成 23 年度は、地震への注意を促す防災ポスターを 3,000 枚作り、配布・掲示など啓発活動を行った。

「地震に注意‼〜南海地震は必ず起こる〜自分の命は自分で守る‼」というポスターを夏休みの間に作成した。そこには、南海地震で何が起こり得るのか、そして、地震・津波から命を守るためには何に気を付け、何を準備しておけばいいのかなど、イラスト付きのポスターを作成した。作成は生徒の手によって行われたが、もちろんその内容については、専門家の監修のもとで作られた。

作成した 3,000 枚のポスターは地域のさまざまな場所に掲示するとともに、例えば地域のお祭りの場で発表したり、近所の潮江小学校、潮江南小学校、潮江東小学校などに、出前授業として出向いたり、地域住民や小学生に対しても啓発活動を行った。

このように自分たちで作って、学内だけで満足するのではなく、それを公表することによって、地域の防災力貢献につながるのである。

生徒自身の手で行う津波対策

また、潮江中学校では運動場に防災倉庫があるが、子どもたちが、そんなところに防災倉庫を置いていたら津波が来たらすぐやられてしまい、全く役に立たないではないかということに気付いた。これはよくない、どうしようかとなるとすぐに、市役所に上げてもらおうと、他人にやってもらおうということになってしまう。しかし筆者たち教員がそれはいかん、自分たちでやることが大事だということで、授業を通して、運動場の防災倉庫の資材を校舎の 4 階に移動させた。

もちろん危ないところは市役所にも頼んだが、基本的には生徒の手で行い、これは新聞にも取り上げられた。こうして津波対策を自らやることによって、どこにどんなものがあるのかが明確にわかるようになり、いざというときに役に立つであろう。

あるいは、主に美術部のメンバーの活躍により、学校内に「防災通り」を作った。「稲むらの火」の物語を、一つの絵として壁一面に大きく描くことで、学内での啓発を行っている。

地域と連携した避難訓練

平成24年度は地域と連携した避難訓練を行った。保育園の子どもと一緒に避難訓練を行った。また、地域の高齢者と一緒に避難訓練を行った。いつも筆者が言っているのは、練習していなかったら絶対できないということである。本校の教員でも、「大体できるのではないでしょうか」と言う者もいる。部活をやっていたらわかるが、そうしたら練習しないで試合に行って勝てますかというわけである。普段から練習を繰り返し、繰り返しして、そして試合に行って勝てるのである。もちろん負けることもあるが、練習していなければ勝てるはずがない。だから、やはり避難訓練を、練習をしなければならない。そのようにして、先生や子どもたちに避難訓練の重要性を伝えてきた。

また、避難訓練のみならず、生徒には、保育園児や小学生を前に発表する場を設け、前年に作成した防災ポスター等を用いながら、地震・津波が起きたときにどうするかを説明させている。「稲むらの火」を英語にして小学校で発表したりもした。このように生徒が能動的に防災活動を行うことで、地域の防災意識は元より、それを行う生徒自身の防災意識が高まるのである。

防災教育を核としながらも、生徒指導はもちろん、学力の向上にもつながるような工夫をしなければならないと思っている。

学校、地域、企業をつなげる防災展示館

一方で、地域の防災教育の拠点として防災展示館を中学校の校舎の空き教室に作った。防災ベストや非常食などを展示し、高さ3mの和紙に墨や絵の具で津波を表現した「防災教育シンボルアート」も展示している。

最初は予算もなく展示できるものも限られており困っていたが、このような展示館を作ると企業の方からいろいろなものが寄付されるようになってきた。救命艇や、雨水を飲み水にすることのできる機械、さらには、数百万円はするであろう災害用の循環型トイレなど、どうぞ使ってくださいと寄付があった。

地域の防災教育拠点として展示館をオープンさせて、小学生にも地域の人にも来てもらって啓発を行っていくと、企業も自分のところの品物を置いてください、というかたちでよい循環が生まれる。

そして、地域の保育園児らを招待し、生徒が「稲むらの火」をテーマに紙芝居の読み聞かせを行ったり、救命艇に美術部が絵を描いたり、やはり必ず子どもたちにも活躍の場を与えるようにした。

自信を持てば生徒は変わる

平成25年度は山間部の土佐山中学校という学校との交流会でさらなる防災教育の発展を目指した。ガラスの飛散防止フィルムをさまざまなところに貼りに行った。最初はそれぞれの校区内の公民館や図書館などの公共施設にはじまり、高齢者の施設などにも行って、それこそ地域貢献というかたちで進めていった。

あるいは、小学生も遊びながら、楽しみながら防災を学べるように「ぼうさい・ひなんしょカルタ」を作ってそれを使って防災教育を行った。

また、平成23年度に作った3,000枚の地震に注意という防災ポスターを、英語、スペイン語、韓国語、中国語で作成した。英語は本校のALT（外国語指導助手）と一緒に必死になって作った。中国語については、潮江中学校は中国の子どもたちが3、4人おり、その子たちが翻訳した。それはもう、ものすごく頑張っていた。防災新聞も作成し、地域に配布した。本校での防災の取り組みを知ってもらうとともに、地域住民の意識を高めることにつながった。

一方で筆者は、最終的には小中学校では、特別支援学級にまで防災教育を浸透させなければ本当の教育にはならないなと思っている。まだまだ不十分ではあるが、そうした取り組みも頑張ってやろうではないかということで進めている。

このような地域貢献型で進めてきた防災教育は、2014年の1月には、消防庁の「第18回防災まちづくり大賞」で、最高賞の総務大臣賞に輝いた。他に

も新聞やテレビで学校の取り組みが取り上げられ、結果として学校の取り組み
が評価されたことで、子どもたちにも自信がついたと思われる。自信がつけば、
生徒指導も学力もよくなっていくのである。

　さらに、防災教育を軸として、保育園から小学校、中学校そして地域との連
携が進んだのである。

　そして生徒が本当によくなったのかは、指導者であれば子どもの顔を見たら
一目でわかる。しかし、ある行政機関等は、必ず数値で表すように要求してくる。
そのため数字で表すと、ガラスの割られた数が、私が来た平成22年度は83件、
それから33件、23件、20件と少なくなっているのである。防災教育を核とし
た生徒指導の実践、これが筆者の目指す教育の一つである。

防災教育は自信と誇りを育む教育

　筆者が潮江に赴任して防災教育をスタートしたときに、地域の先輩にそれは
やめてくれと言われた。防災教育をやると、地域の危険性ばかりが広まり、地
価は下がり、人もいなくなるからやめてくれと言われたのである。しかし、よ
くよく話すと、「本当はやってもらいたいが、中途半端にやると地価は落ちるし、
人はおらんようになる」ということであった。やるからには本当の教育をして
ほしい、というのはまさにそうだと思う。防災教育をして自分の地域を、潮江
中学校を嫌いになってしまうことは絶対あってはならないのである。防災教育
をすることによって潮江中学校の子どもたちが「よくなった」「学力が伸びた」
「自信を持った」とならなければならないのである。

　本地域は歴史的過程の中で、江戸時代にも南海地震があり、昭和の南海地震
もあった。その中で、この場所に住んでいたおじいさん、ひいおじいさん、そ
の前の祖先は、すべてたくましく復興・復旧してきたのではないか。そして、
同様に日本の国土全部がそうして発展してきたのではないか。災害列島日本と
いわれているような日本で、復旧・復興し、発展してきた私たちの先輩の素晴
らしさをきちんと習い、もう一歩進めて行く。

　このような考え方で教えている。つまり、防災教育は郷土に誇りを持たせる
教育なのである。もちろんこれは防災教育に限らず、環境教育や福祉教育、教
育という言葉が付けば、そうしたことが必要であるという想いを持っている。

城西中学校での実践 『想像力が生んだ龍馬プロジェクト』

　筆者は平成26年度に城西中学校へ赴任し、そこでは、「龍馬プロジェクト」というのを立ち上げて防災活動を行っている。城西中学校は高知城の西に位置し、坂本龍馬の生まれた地が校区内にあるのである。その「龍馬プロジェクト」の一番のポイントは、龍馬が江戸から帰ってきた江戸時代末期に、南海地震に遭っており、地震への対策として八策というかたちでまとめることとした。

　龍馬は江戸時代に地震に遭ってはいるが、「高知県立坂本龍馬記念館」や「高知市立龍馬の生まれたまち記念館」の学芸員に協力をしてもらってチェックしても、地震について龍馬本人は一行も記述していない。それは困ったものだとなったが、ないのであれば思ったことを想像して書けばいいという子どもたちの発想から、八策にまとめようということになった。本人は書いてはいないが地震を体験している。龍馬の父親の生まれは潮江であり、地震に遭って大変きびしい状況になったであろう。龍馬の友人も多数被災したであろう。そういう思いを想像して、一策から八策までを書いた。例えば坂本龍馬が、「自分が進めていく道は百も千も万もある」と言ったことから、復旧の道は一つということはない、道は百も千も万もあるという表現を用いたりしている。

　当初は、「地震はどこで起きるかわからん、あわてたらいかん、周りの人に迷惑をかけたらいかん」を基本としていた。しかし子どもたちは、周りの人に迷惑をかけたらいかんことはわかっているから、「周りの人と仲良くせないかん」にしましょうと言う。「自然に逆らわず」と言うよりは、子どもたちは「自然と仲良くにしたほうがいい」と言う。そのように、子どもたちの発想で、大枠は変わらないものの5カ所ほど直した。また、龍馬は土佐弁であるため、意図的に土佐弁にしようということになった。そうしてまとめられたのが図表Ⅱ-4-1の八策である。これらはあくまでも目標ではなく、第一義の考え方であり、こうした考え方を育てていくのである。

『城西龍馬新聞』の発刊

　「龍馬の夢と志は　城西中学校生徒の夢と志」とテーマを設定して、さまざまな取り組みを行っているが、防災関係の新聞（図表Ⅱ-4-2）も発刊した。

　さらに、城西中学校の隣に位置している、高知県立盲学校との交流により、

第4章 地域貢献型防災教育の取り組み

図表Ⅱ-4-1 チーム龍馬

図表Ⅱ-4-2 城西中学校発行の『城西龍馬新聞』

生徒が「点字版 龍馬の地震への八策」も作成した。

第1回強靭化大賞の特別顧問賞に輝く

一般社団法人レジリエンスジャパン推進協議会の「ジャパン・レジリエンス・アワード（強靭化大賞）2015」において、城西中学校は、特別顧問賞 二階俊博（国土強靭化提唱者）賞を受賞した。本校はこれからもさまざまな教育実践を推進していく。

図表Ⅱ-4-3 ジャパン・レジリエンス・アワード（強靭化大賞）2015 特別顧問賞受賞

出典：日本経済新聞（朝刊）2015.05.22, 20面

103

第5章
小学校における「除雪」をテーマとした教育課程づくり

新保元康

（札幌市立発寒西小学校校長）

はじめに

　筆者は、2001（平成13）年冬に北海道雪プロジェクト（以下、雪プロ）を、北海道教育大学高橋庸哉教授らとともに創立。以来、Webページ「北海道雪たんけん館」（以下、雪たんけん館）http://yukipro.sap.hokkyodai.ac.jp/ をベースに、雪や寒さに関わる学習をさまざまなかたちで提案してきた。言うまでもなく、北海道のまちづくりには、冬や雪への理解が欠かせない。私たちの実践は、小学校段階における冬や雪に関する本格的授業実践の一つであったと自負している。16年にわたる雪プロの歩みを踏まえつつ、代表的な実践である「除雪」の授業について報告する。

図表Ⅱ-5-1　北海道雪たんけん館

冬や雪について学ばずに大人になってしまう北海道の子どもたち

　北海道の冬は、きびしい。道都札幌でも、最低気温がマイナス10℃を超えるときがしばしばある。初雪が10月下旬、根雪の終日は4月上旬となる。およそ半年は、雪とともに生活していることになる。
　1869（明治2）年、開拓使が置かれ本格

違法駐車のすぐ横を通る除雪車

的な開発が始まってから約150年。われわれ北海道民は、雪の困難を克服し、十分利用し、親しんでいるだろうか？　多くの成果がある中で、課題もまた山積している。

例えば、昔に比べると除雪事業は格段に充実しつつあるが、市民の違法駐車や道路への違法な雪出しなどの問題は今も変わらない。一刻を争う深夜の除雪作業にとって、道路への違法駐車は、大変な困難となる。

夏靴で転倒する歩行者

夏靴で凍結した歩道を歩く若者も多い。歩行者の転倒による搬送は、一冬に1,000件に達することもあるという。

除雪が充実すればするほど、さらに要望は高まり、夏と同様の道路状態を求めるような苦情が寄せられることもあるという。しばしば罵声を浴びせられることもあるという除雪担当者のご苦労は察して余りある。

インフラ整備もまだまだ十分とは言えない。高速道路などの高規格幹線道路の供用は、全国（北海道を除く）が73.5％であるのに対し、49.7％にとどまる（平成23年）。広い北海道であるからこそ必要な高規格幹線道路である。自動車専用の安全な道路は冬にこそ威力を発揮するのに、北海道の東西南北を貫く高速道路さえまだ完成していない。災害時には命の綱となるネットワーク形成もまだまだ不十分なままなのである。

こうした問題の根本には、さまざまな要因があろう。

われわれは、その一つとして、そもそも冬の暮らし方や雪そのものについて、ほぼ全く学習する機会がなかったことに気が付いた。つまり、「冬や雪についての基本知識がないことが、さまざまな問題の根底に潜んでいるのではないか」と考えたのである。

私有地の雪は自分で始末するという市民としての当然の義務を知らない大人。「冬を夏にせよ」と言わんばかりの非合理的な苦情の発生。高速道路などあるべきインフラへの強い要望がまとまらない……社会の空気。こうした問題は、われわれの無知に根ざす可能性がある。

昔の人々は、生命を維持するために、寒さとの闘い方を家族や地域で伝承せ

ざるを得なかったであろう。学校で学ばずとも、「冬を生きる知恵」は、強く教えられ身に付けさせられたはずである。

　しかし、エネルギーを大量に消費できる豊かな時代となり、そうした「冬を生きる知恵」は伝承されずとも冬を越せるようになった。結果として、家でも学校でも「冬を生きる知恵」を学ばないまま子どもは成長し、世界でもまれに見るきびしい環境下で生活している自覚が薄い「市民」となってしまったのではないだろうか。これが北海道を取り巻く問題の根底にある。

　だとすれば、学校教育でこそ、冬や雪についての学習をしっかり行う必要がある。われわれの問題意識はこうして焦点化されていった。

「北海道雪たんけん館」の開設

　以上のような問題意識をもった1999（平成11）年ごろ、総合的な学習の時間（以下、総合的な学習）の試行的な実践が学校現場で始まっていた。総合的な学習では、「地域や学校の特色に応じた課題についての学習活動」を行うことになっている。社会科や理科では、学習指導要領の範囲の中で北海道の事例を十分に取り上げて冬や寒さについて学ぶことは難しい。しかし、総合的な学習であれば、冬や雪は地域の特色に応じた課題として、存分に子どもたちが学ぶことができると考えた。

　筆者は、当時北海道教育大学附属札幌小学校に勤務していた。前述の高橋教授や北海道開発技術センターの原文宏理事のアドバイスを受けながら、冬や雪に関する総合的な学習の授業実践を試みた。1999（平成11）年冬に「あいの里冬探検隊」（附属札幌小3年）、2000（平成12）年冬に「あいの里雪探検隊」（附属札幌小4年）がその授業である。

　前者の授業は、主に雪そのものに焦点を当てたものであった。後者の授業は、学校の周辺地域（あいの里）に住む人たちの除雪に関する意識に焦点を当てる授業であった。子どもたちは、「札幌市内でもとりわ

個人宅の融雪槽を見学する子どもたち

け雪の多いあいの里地域の住民は除雪が好きなのでは？」という仮説のもと、除雪の好き嫌いや、どんな道具で誰が除雪しているのかといった問いをもって一軒一軒尋ね歩いた。調査の結果、「他地区と同様、除雪が嫌いな人が多いこと」「主に除雪をしているのは中年の女性であること」「非常に多くの除雪用具をもっていること」「除雪には苦労していること」などを探究的に学ぶことができた。

筆者は、この実践を通じて、冬や雪に関する学習が極めて有効であると実感した。そして、こうした実践をより多く開発し広報する場として、高橋らと雪プロを 2001（平成 13）年冬にスタートさせた。

われわれは、まず、ネット上に Web サイトを構築した。それが、前述の「雪たんけん館」である。冬や雪に関する学習をしようと思っても、教科書がなければ一般の教師にとって授業は難しくなる。そこで、Web 上に、教科書代わりになるものを構築したのである。このサイトは、子どもたちが一人でも学ぶこともできるようにデザインした。問題を発見するページから入り、問題を解決するページまで問題解決的な学びができるようにしたのである。おかげで、このサイトは 2001（平成 13）年の開設以来、現在（2015 年）まで、110 万件以上のアクセスをいただいている。

Web サイト「北海道雪たんけん館」の内容

このサイトの主なコンテンツを紹介する。

- 【雪を観察しよう】雪の結晶、観察方法、雪の中の温度、雪が降る理由……
- 【雪を楽しもう】冬の遊び調査、プロによる冬のスポーツ紹介……
- 【雪と暮らそう】除雪の仕組みや歴史、ストーブ、JR や空港の工夫、暖かい住宅の工夫、バリアフリー……
- 【雪を活かそう】雪冷房、雪中米……
- 【雪にいどむ】雪崩のしくみ、雪崩を避ける方法……
- 【LET'S TRY!】冬や雪に関わる英会話、英語表現……
- 【雪の中の生き物を探そう】たくさんの動物や植物の越冬、観察方法……
- 【雪のことなんでもクイズ】冬や雪に関連するクイズ 100 問……
- 【雪の質問コーナー】これまでに 2,000 を超える質問に回答……

・【雪の総合研究室】児童用ワークシート、テキスト、教師向け指導資料……

　主なものだけでもこれだけのコンテンツがある。幅広く冬や雪に関する学習ができるように年々内容を増やしてきたことがご理解いただけると思う。

雪プロの活動の広がりと除雪授業の開発

　この他に、われわれは刊行物として、児童向けワークシート9冊、児童向けテキスト4冊、教師向け指導プラン集2冊を発行してきた。

　さらに、「雪の学習研究会」はすでに13回、「夏こそ！　雪プロセミナー」は11回開催している。「雪の学習研究会」では、毎回、雪プロチームが新たに開発した教材をもとに授業を行い、広く多くの方からご批正をいただきながら授業の質を高めてきた。

　特に、札幌市の除雪事業に関する授業は、2005（平成17）年の第3回雪の学習研修会において、佐野浩志教諭（当時緑丘小）によって公開され、大きな注目を集めた。除雪事業に関する本格的な公開授業は、この授業が道内初ではないかと思われる。

　この授業で、子どもたちは、札幌市が世界でもまれな大都市であることを強く意識することとなった。累積降雪量が約6mもあり、人口が190万を超える都市は世界中のどこにもないのである。しかも、一定の降雪があれば、深夜から朝にかけて約5,400kmもの距離を一気に除雪してしまう体制が整っていることも学んだ。これは、札幌から遠く沖縄県の石垣島を往復する距離であり、その組織的な除雪体制は世界一ではないかという考えをもつ児童も多くいた。今までは知らないうちにきれいに除雪されるのが当たり前と思っていた子どもたちの認識が、大きく変わったのである。

　前述のように、われわれは当初総合的な学習での展開を考えていた。しかし、総合的な学習は、学校ごとに教育課程が大きく変わり、共通した内容で冬や雪を学ぶことが難しいという問題があった。

　ここで紹介した除雪の授業は、4年生社会科での実践である。社会科の学習指導要領を読み込み、「地域社会における災害及び事故の防止」（現行学習指導要領）の一環として、実施できると判断した。これによって、より多くの学校で、共通して除雪について学ぶ可能性が高まったといえる。

札幌市の特色ある学校教育として「雪」が取り上げられる

　2009（平成21）年度から札幌市教育委員会は、「札幌らしい特色ある学校教育」の一つとして、「北国札幌らしさを学ぶ【雪】」を設定。これ以降、札幌市内の小学校では、冬や雪に関する学習が増え始め、中学校ではスキー学習が復活する等の動きが出てきた。

　札幌市教育委員会は、各学校が教育課程を編成するときの指針として札幌市独自の「札幌市小学校教育課程編成の手引」（以下、「手引」）を作成している。札幌らしい特色ある学校教育として「雪」が取り上げられたことにより、「手引」の4年生社会科に、初めて除雪の学習が掲載され、同年度より選択的に学習できることとなった。さらに、次の改訂によって2011（平成23）年度からは、選択ではなく札幌市内の4年生すべてが除雪について学ぶこととなった。

　現在の「手引」では、次ページのように小単元「雪とくらす」として5時間の授業を行うことが示されている（図表Ⅱ-5-2）。

　つまり、札幌市民は、小学生のときに「除雪の仕組み」について学んで大人になるということになる。それまでは、雪プロジェクトの有志による限られた範囲で実践されてきた除雪の授業が、札幌市においては、教育委員会が指針として示す一般的な教育課程として広がったのである。

　また、2015（平成27）年から使用されている最新の「手引」には、3・4年生の総合的な学習において、「雪とくらすわたしたち」として25時間扱いの総合的な学習の事例も掲載されている（図表Ⅱ-5-3）。「事例」であるため、社会科に比べると、各学校への拘束力は弱いが、こうした事例が市教委発行の「手引」に掲載されていることの意味は極めて大きいものがある。

　雪プロの長年の活動が次第に認知され、市教委の「手引」にも冬や雪の実践が掲載されたことにより、札幌市での冬や雪に関する学習は、着実に広がりつつあるといってよい。この教育課程で学んだ子どもたちが大人になれば、雪との付き合い方がよりスマートになり、さらにまちづくりもこれまでとは少し変わっていくのかもしれない。

第 5 章　小学校における「除雪」をテーマとした教育課程づくり

図表Ⅱ-5-2　札幌市小学校教育課程編成の手引

月	単元名・評価規準	学習内容・活動等	評価方法・留意点
12	**小単元3** **雪とくらす**　（5） 「札幌らしい特色ある学校教育【雪】」を実現するため、冬季に5時間を充てている。 🧠大雪から生活や安全を守るための関係機関の働きや、従事する人々の工夫や努力を、地域の人々の生活と関連付け考え、適切に表現している。 🧠大雪から生活や安全を守るために、関係の諸機関が相互に連携して、緊急に対処する体制をとっていることを理解する。	○資料等を用いて、大雪が降ったときの道路の様子や交通機関への影響などを話し合い、除雪の取組について調べる計画を立てる。 札幌市の除雪の様子について調べよう。 ・1996（平成8）年1月の大雪災害を例に挙げ、日常生活への影響の大きさを想像する。 ○資料等を用いて、札幌市の年間降雪量とこれに対応する除雪の様子について調べてまとめる。 ○資料等を用いて、札幌市の除排雪システムについて調べ、関係機関の働きを関係付けてまとめる。 ○資料等を用いて、除雪センターの仕事の内容を調べ、夜間除雪を行う意味を考え、表現する。 ・人や車の交通量が減るから安全に作業できる。 ・朝からの生活を支えることができるように。 ○資料等を用いて、除雪に対する市民からの意見や地域住民による協力の様子から、除雪に対するこれまでの考えを見直す必要を考え、伝え合う。 札幌市の除雪が、市民にも認められる除雪になるためには、どうしたらよいのだろう。 ・市側に要望するだけ（公助に頼り切る）ではなく、自分たちでできる（共助、自助）ことに進んで取り組む大切さを明らかにする。	雪 環札幌市では雪対策予算の見直しと環境対策として排雪量を減らそうとしている。地域の人々の工夫や努力が求められている。 🧠ノートへの記述や発言などから「関係機関の働きと地域の人々の工夫や努力の関係を考え、説明できたか」を評価する。 🧠ノートへの記述等から「関係諸機関の連携や、地域の人々の協力活動の実際を理解しているか」を評価する。 HP市建設局雪対策室 http://www.city.sapporo.jp/kensetsu HP北海道雪たんけん館 http://yukipro.sap.hokkyodai.ac.jp/ 環札幌市総合的環境副教材 「地球にやさしくしてる？」 　　　　　　　　P49〜60 展開例札幌らしい特色ある 　　学校教育の指導展開例② 　　参照

図表Ⅱ-5-3　3・4年生総合的な学習「雪とくらすわたしたち」

6　指導展開例　(1)　3・4年　単元名「雪とくらすわたしたち」(25時間)　※横断的・総合的な課題：雪

目標	雪をテーマに自分なりに調べた情報を整理・分析することで次の活動への見通しをもち、雪を活用するよさを実感し、周りの子どもや大人に伝えることができる。		
	小単元名・評価規準	学習内容・活動等	評価方法・留意点
【課題の設定】【情報の収集】【まとめ・表現】	雪をテーマにやってみよう！調べてみよう！（6） 評価の観点は総合7ページ掲載のイ①の例1で設定 ○手段を選択して雪に関する必要な情報を収集する。収集した情報を関連付けて自分の考えをもつ。（学び方やものの考え方）	○雪に関する写真を見て知っている情報を出し合い、自分がやってみたいこと、調べてみたいことを決めよう。 雪って… 雪の固さや重さが違う時があるよ。 雪を使った遊びがたくさんあるよ！　除雪が大変で毎年手伝うよ。　雪の結晶を見たことがある。 雪をテーマにやってみよう！調べてみよう！ テーマ別調べ学習（個人で） 結晶　種類　遊び　行事　除雪　再利用 降雪量　仕組み　食べ物　昔 まとめて発表 雪について詳しくなったよ！	・雪の貯蔵庫や雪祭り、除雪等の様子が映った写真を提示して子どもの雪に関する情報を引き出し、共有化していく。 ・冬休みに個々の課題に取り組んで新聞にまとめることで、興味・関心を広げる展開もできる。「雪を考える」といった欄を設け、現段階での雪に対する考えをもつようにさせる。 HP北海道雪たんけん館 HP札幌ゆきだるまプロジェクト 関連さっぽろっこ雪かき汗かきチャレンジ

110

実践をサポートする副読本などの教材

　教育委員会の後押しがあっても、教室での授業が確実に行われるとは限らない。

　実際には、さらに細やかなサポートが必要となる。なんといっても、指導にあたる教師自身が、除雪のことを学んだ経験がない。多くの人は、かけ算の授業はイメージできるだろうが、除雪の授業を想像しにくいだろう。さらに、昨今話題となっているように学校現場は大変多忙である。懸命に働く教師を支えるサポートが重要なのである。

　そこで、私たちは、前述のような児童向けテキストやワークシート（図表Ⅱ-5-4）を作成し、Webページからのダウンロードを可能として無償で提供した。また、「雪の学習研究会」でモデル授業を公開し、多くの教師の支援を続けている。

　さらに、社会科副読本の作成にも協力した。全国的に、3・4年生社会科の学習には副読本が使われることが多い。3・4年生社会科の地域学習では、全国一律の教科書だけでは、授業が難しくなるためである。

　札幌市では、副読本として北海教育評論社刊『わたしたちの札幌』（図表Ⅱ-5-5、Ⅱ-5-6）が、ほとんどの学校で使用されている。つまり、事実上の教科書となっているのである。

図表Ⅱ-5-4　北海道雪プロジェクト作成テキストおよびワークシート

図表Ⅱ-5-5　副読本『わたしたちの札幌』　　図表Ⅱ-5-6　「札幌市のじょ雪」『わたしたちの札幌』

　雪プロは、この副読本の編集にも協力している。内容は、①年間 6m の降雪がある大都市は世界で札幌市だけ　②世界一の除雪事業（一晩 5,400km 除雪、年間予算 180 億円など）（図表Ⅱ-5-6）　③除雪と排雪の仕組み、違い　④除雪センターの業務　⑤除雪に対する市民の声　⑦これからの除雪　となっている。さらに、この副読本とセットのワークブックとテストの作成にも協力している。

　現在、札幌市立小学校 204 校全校が除雪の授業に取り組んでいる。その実践を支えているのは、こうした手厚い授業サポートではないかと感じている。

まとめ

　雪プロの実践は、わずか数人で始まった。しかし、そのチームには、雪氷学の専門家、土木工学の専門家、小学校教諭、学芸員、学生と多様な仲間がいた。この多様性が、新しい実践を生み出す原動力だった。一般に、「学校の敷居は高い」と言われる。現場の教師とまちづくりの専門家が手を結ぶところに、この敷居を超える力が生まれる。多くの脆弱性と困難を抱えるわが国土で子どもたちが生き抜く力を育てるために、全国各地でまちづくり学習のプロジェクトを生み出していきたいものである。

第Ⅲ部

防災まちづくり・
くにづくり学習と授業

第1章
児童生徒による地域点検＋
手づくり防災地図の授業

寺本潔
（玉川大学教育学部教育学科教授）

　防災教育は時間をとって取り組むことは容易ではなく、最大の難点は時間不足と実際の指導者育成がカギになってくる。ここでは沖縄県と高知県の小中学校において、手づくり防災地図をテーマに筆者自身が数時間学級をお借りして実施した出前授業の実践事例をもとに、展開上の問題点等も織り込みつつ、あるべき防災教育の「自校化」（各学校の特性に応じた防災管理や教育）に言及してみたい。

自分でやるから身に付く防災教育

　防災教育というと、現在の学習指導要領にも保健体育科のけがの防止や理科の大地の変動、家庭科の安全な暮らし、さらに社会科で自然災害の防止という典型単元が用意されてはいるものの、まとまった時間枠は確保できていない。小学校では総合的学習と絡めて体験的な学びを実現できている例もあるが、中学校ではほとんど見られない。東日本大震災ショックとでもいえるような広域災害のイメージにとらわれ、いわば「脅しの防災教育」に陥っている。児童生徒自身が思考し判断できる「学び取る防災教育」にはほど遠いのが現状である。

　防災教育は扱う題材のスケール（地震・津波・高潮災害は広域であり、水害は河川に沿った限定的な範囲にとどまる）に加え、実体験を伴ったリアリティがないと、子どもたちは真剣に自分の問題として引き寄せて考えない。そこで必要な実体験が、学校の周りを防災点検させるフィールドワークである。筆者の出前授業では2時間の校外学習（フィールドワーク）を組んで地域点検させているが、フィールドに出る前と後では、眼の色が変わるほど追究が主体化する。「自分だけは助かる」と漠然と思っていた生徒が、自分も命を落としかね

114

ない、助かりたい、人も助けたいという切実な願いへと変わっていく。また、自分で考える力や、言語能力、コミュニケーション能力などの育成にも防災は役立つ。

地域を知らない子どもたち、出て行こうとしない先生

防災とは自分の生命・財産を守ることであり、地域の持続性と一体化している。にもかかわらず、校外に出かける授業は十分には行われていない。その証拠に、小学校では「学区の地図づくり」や「公共の仕事」の単元が単なる見学に陥っており、主体化のレベルが低い。中学校に至っては社会科単元「身近な地域」の調査は、全国の中学校実施率が未だ2割と低い。保護者に引率補助を依頼しづらい点や、下見なども含めた時間不足、安全管理への不安などを理由に子どもたちを校外に連れ出すのを避けている。加えて、社会科や理科を専門としない教師は地域のことを半分ほどしかわかっておらず、地震や洪水に対する地域の弱点を案外つかんでいない。教員向けの講習会の実施が必要であるが、英語指導やICT研修、いじめ問題対応、防犯や交通安全指導など、やることが多すぎて、防災教育研修の拡充は果たせていない。

そうした中で筆者は、海に囲まれている沖縄県と高知県の小中学校でフィールドワークを中心にした各6時間の防災教育を行った。沖縄の小学生は、東日本大震災で津波被害が生じている割には、危機感が強くない状態であった。

一方、高知の中学生は南海トラフ地震の危険性は知っていたが、リアリティに欠ける状況であった。そこで、最初の1時限は導入の授業で津波体操などを楽しみ、防災の必要性に気付かせ、2・3時限目に使い切りカメラを配布し、フィールドワーク。その後、模造紙大の防災地図を作らせ、最後の1時限で発表会を実施した（計6時間）。

学校近くにある水路から津波が襲ってくることをイメージしている児童（豊見城市豊崎小学校5年生）

近くにある旧堤防にのぼる中学生
（高知市城西中学校1年生）

保護者の前で作ったマップを発表
（高知市城西中学校1年生）

こんなものも危険だったのか、という気付き

　フィールドワークの際に子どもたちに意識させるのは「倒・浮・低」、つまり地震で「倒」れてくるもの、津波や水害で「浮」いて襲ってくるもの、浸水してしまう「低」い土地の3つと避難に役立つ場所に絞り、写真を撮影させた。例えば、倒れてくる薄い自販機、いざというときに登れる建物の外階段、フェンスや壁、坂道など避難を妨げる物、浸水すると見えなくなる溝やマンホール、車や浮いて襲ってくる物などが挙げられる。沖縄県石垣市で実地した例では、港に長さ10mを超えるような大きな丸太が置かれていたため、こうしたものが浮いて魚雷のように襲ってくるということを告げると、子どもたちは目からうろこであった。通学路の脇に置いてある油のタンクのようなものも襲ってくる。もし重油タンクが壊れて火が付いたら気仙沼のような津波火災が生じるなどを想像する学習ができた。

　他にも海抜高度を示す看板も学校のすぐ近くにあり、見てはいるものの、子どもたちは指摘されて初めてその存在に気が付いた。津波防災を考えるにあたって、海抜高度は極めて重要な情報であり、そういったものへの気付きというのがいかに大事かというのが、一つのポイントである。

港に放置されている丸太に驚く
子ども（石垣市八島小学校3年生）

自分でつくらなければ他人事で終わる

地域点検に続き、ハザードマップ作りを行った。そのときに、国土基本図やゼンリンの地図などの既製の地図を使うのではなく、自分たちでベースとなるマップから作らせないと、どうしても他人事になってしまう。既製の地図を与えれば読んでくれるだろうというのは間違いで、いろいろな地名などの必要のない情報も入っているため、地図を読もうとしないのである。自分たちで歩いた範囲の市街地地図（ベースマップ）を作ることによって、かなり真剣に取り組むことができるようになった。

そのようにして一気に2授業時間（計90分間）を使って手づくり防災地図を作成させた。例えば海抜高度の表示板を調べた子どもは、土地の高さを知らせる2.7mや3.1mといった写真を撮り、低い方から高い方へ津波が襲ってくるのではないかといった予想もできた。あるいは、腰のあたりまで水が来ると簡単に流されてしまうとか、今まで全く想定していなかったことに子どもたちが気付いてくれた。

これは手づくりということが大事であり、子どもたちは自分でベースマップを作って取材し、安全な、助けてくれるものを緑のマーク、逃げるとき邪魔なものは赤のマークというように、凡例を決めて貼り付けていった。

発達段階に合わせたハザードマップ

高学年であれば、地図を描いて自分たちで防災地図を作ることもできるが、低学年で同様のことをするのは難しい。特に、低学年の子どもが認知する地図は俯瞰的なものではなく、虫瞰的な視点で見えてくるものを記述しがちで、例えば「横断歩道を渡ると左側に交番がある」というように、主に「前後左右」によって記述される。そのため、低学年の子どもであっても、自宅と学校の間を描き出す短冊用紙を渡せば手描きで地図を描ける。言葉と場所を結び付けていけば、通学路沿いの手づくり防災地図は低学年でも作図できる。

さらにそれらの短冊状の地図を放射状に張り合わせ、「誰々さんの通学路は西の方から学校に来ているよね」などと言いながら、「どこが危ないかな」、「安全を守ってくれるお巡りさんや消防署はここにあるね」などの話し合いを行うとよい。友達の通学路についても安全なところ、危険なところをポストイット

に書かせ、各人の気付きを交流させていく。防災力に加えて言語力の伸長も望めるのである。

自分のことだからこそ発揮する子どもたちの本気

　子どもたちの手づくり防災地図を使って発表会を行ったが、社会科でいうところの問題解決学習が実現できた。その問題はまさに自分が助かりたいという切実なものであり、対象に向かって自分事に捉えることで、子どもたちの目の色が変わった。子どもたちの見事な発表には先生方も驚きを隠せないでいた。

　地図作りをしてみて書かれた、5年生の子の感想は大変に素晴らしいものであった。「私は、B地区のハザードマップ、"大津波警報発令中"を作って、B地区には避難できる場所がほとんどないことがわかりました。それに危ない場所も多いし、水路に囲まれているので、もし津波が来たら、必死で逃げないと死ぬかもしれないと思いました。海抜も豊崎地区はほとんど3〜4mだったので、10m以上の津波が来たらもう助からないかもしれないと思いました」「でも、防災の訓練をしたり、こうやってハザードマップを作ったりすると、少しは助かる確率が高くなるのかな、とも思いました。だから、この授業を受けることができて本当によかったです。これからも、定期的にハザードマップを更新しようと思いました」（沖縄県豊見城市豊崎小学校児童）。

　「大つなみが来ても命をおとさない」という授業を筆者が3年生で実施した際は、「私が昨日今日、寺本先生と2日間お勉強して教えてもらったことで一番こわかったのは」と始まり、「八島校の近くの海には、サンゴが少なくて、

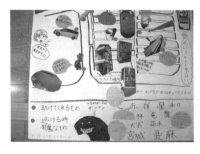

凡例が上手な地図の一例

防災地図を発表している子ども
（豊見城市豊崎小学校5年生）

つなみがきたら大きななみがおそってくるということです。大きななみがおそってくるからといって私は命を落としません。せっかく私の親が生んでくれたので命を落としたくないです」（石垣市八島小学校児童）と書いてくれた。

防災教育で何を教えるのか

　防災教育というと、例えば理科では地震や津波のメカニズムを教えている。もちろんそうした教育も重要ではあるが、災害は、自然現象が生じたところに人が居住していて初めて災害と呼べるわけであり、理科のメカニズム学習だけでは不十分である。もっと暮らしに引き寄せて、自分たちがどう避難したらいいのか、どう居住するのか、どうまちをつくっていくのか、そうした災害・防災教育を、社会科を軸にやれたらいいと考えている。

　津波の場合には先にも述べた「倒・浮・低」が大事で、こうしたものをいかに気付かせていけるかが肝要である。あるいは、学校の立地状況を知ることも立派な防災教育であるが、そもそも教員にも保護者にもそうした意識はなく、学校防災に対する意識がいわば行政任せになってしまっている。2014年8月の広島土石流災害でいえば、谷筋の延長領域はその発生が予見できたわけで注意すべきであった。真砂土というのはもろく崩れやすく、社会科の用語では常識なのだが、住民や教育界ではあまり認識されていなかった。あとから言っても仕方がないことであるが、谷筋から垂直方向に、ちょっと脇に逃げれば助かるということは等高線の学習をやればわかる。しかし実際は入試に頻出する甲府盆地の地形図は扱われるが、地元が範囲に入っている地形図の学習が中学校ではほとんど行われていない。

　さらに地名や災害教訓などの学習も非常に重要である。例えば東京都新宿区が発行した洪水ハザードマップを見ると、神田川沿いが危ないのは当然であるが、驚くべきことに歌舞伎町の奥の新宿7丁目が青く、水深2～5mくらいの浸水エリアとして塗られている。何かと思えば昔の川の名残なのである。近くに新大久保という駅があるがこれはつまり、大きい窪地という意味でもある。川があふれる外水氾濫は洪水のイメージにぴったりで理解しやすいが、下水管や側溝から雨水がはき出せなくて市街地の低い箇所が水没する内水氾濫の危険性が高まっている。内水氾濫はほとんど教材開発されていないが、重要項目で

あろう。

　それとは別に、特別活動としての避難訓練や、けがの防止を学ぶ保健体育なども防災教育の一環で行われている。さらに生活科の授業はまだ時間的な余裕があり、そこで防災教育をやれるのではないだろうか。生活科は低学年の授業で、学校探検や通学路探検、まち探検など結構な時間数を持っている。「わたしのつうがくろ」(1年生)や「まち探検」(2年生)で地域に目を向けさせたり、「私の家族と手伝い」で防災バッグの中身を調べたりと防災内容を入れ込むことがある程度できる。特に、社会科は市町村や県・国土スケールであり、国土の自然災害の防止という視点も必要であるため、生活科であれば自分のまちを題材に、フィールドワークを通したリアリティのある防災教育を行うことができる。

脅しではない、楽しさを含む防災教育を

　そうは言っても、防災教育はまだまだマイナーなものである。筆者は積極的に出前授業をやっているが、先生方は防災訓練はやっても、防災をテーマにした授業は初めて見たと感想を述べられることが多かった。過去の水害でどれほど浸水したのかを記録した水害実績図なども市のホームページ等で簡単に見られるものの、先生方は見たことがないという。筆者も委員に入っているが、愛知県の河川課では「みずから守る行動ガイドブック」という素晴らしい教材や情報サイトが充実してはいるものの、それを利活用する術、いわゆる教材開発がほとんどなされていない。

　一方で、先生方にとって防災教育の進展を躊躇させるのが評価である。授業である以上は評価を行う必要が出てくる。児童の手づくり防災地図をどう指導し評価するかといった、評価規準（基準）づくりも具体的にやらないと、なかなか取り組めないのが現実である。

　ところで防災教育をするにあたって気を付けなければならないのが、「脅しの防災教育」にしないということである。子どもたちは海や川が大好きであり、その気持ちを萎えさせてはならない。災害の危険性ばかりを教えて、恐怖心により水辺から遠ざけては逆効果である。カメラを持たせて好奇心を刺激する、グループでやるから楽しくなる、そういった楽しさとか、自分で学び、知恵をつかみ取るというところを動機にしていかないと、防災教育は続いていかない

であろう。決して海や川を嫌いにさせない、そういった学習をしていくことが求められる。

国土の強靭化において教育が担う役割

　地域特性に応じた、強くてしなやかな防災まちづくり学習を実現するためには、学区点検まち歩きと、手づくり防災地図を合体させることで実効性が上がってくる。

　まちを歩いて点検して、子ども自身の手で作っていく地図。その地図を使って保護者や地域住民に対して発表ができる。こうした子どもたちが学習する姿を地域住民が見るということによって、地域住民の意識が高まり、防災まちづくりが進むという好循環が生まれる。さらに作った地図は教員にとっては、学習評価の対象物として残るという利点もある。つまり確かな手づくり防災地図をいかに作れるかにかかっている。そのために、地域を歩いて取材を行い、古老に聞いたり、地名を探ったり、地形図を読んだり、何十年くらい前から自分のまちは住宅地がこんなに広がってきたのだろうといったことを考え、客観的に土地条件や土地利用、災害要因を把握できる、そういう学習が必須になると考えられる。

　国土強靭化の中には堤防をつくったり、港湾を丈夫にしたりと、ハードウェアの対策もあるが、それだけでは強靭化とは呼ばない。強くてしなやかという「ココロの強靭化」も重要である。それをどう実現していったらいいのか、教育界が少しでも絡めて、実効性のある国土強靭化が推進できたら素晴らしい。

参考文献

片田敏孝・NHK取材班『みんなを守るいのちの授業―大つなみと釜石の子どもたち』NHK出版, 2012, p.158.

寺本潔「子どもに教えたい社会資本の役割と防災教育」『JICE REPORT』第26号, 2014, pp.33-43.

寺本潔「児童による津波防災ハザードマップの作製手順とその教育効果に関する研究」『玉川大学教師教育リサーチセンター年報』第5号, 2014, pp.45-56.

> 第2章　土砂災害避難を考える授業

```
┌─────────────────────────────────────────┐
│                                         │
│              第 2 章                     │
│                                         │
│      土砂災害避難を考える授業              │
│                                         │
│              谷口綾子                    │
│   （筑波大学大学院システム情報系准教授）    │
│                                         │
└─────────────────────────────────────────┘
```

土砂災害避難教育の意義

　近年、集中豪雨の増加などによって土砂災害が頻発しているが、土砂災害に対しては、砂防堰堤や防護柵などのハード対策と同時に、気象庁と都道府県庁が共同で発表する土砂災害警戒情報などのソフト対策が行われている。

　一方で、土砂災害の原因の多くは降雨であるが、どの斜面で土砂災害が起こるかの予測は非常に困難を極めるため、多量の降雨により危険が生じた地域の住民が自主的に避難することが、被害をなくすためには必要不可欠である。そのためには、地域を巻き込んで、継続的に、より深くコミュニケーションを行い、土砂災害からの避難行動を誘発するコミュニケーション・プログラムが求められている。

図表Ⅲ-2-1　防災教育の教育目標

①	土砂災害が起こる仕組みを理解し、まちの危険箇所を把握する
②	土砂災害の被害を最小限にとどめ、災害に強いまちをつくるため、行政や町会など、さまざまな人々が施設を作って協力している様子を理解する
③	土砂災害の被害を最小限にとどめるために運用されている「土砂災害警戒情報」の意義と内容を理解する
④	避難しなければならないとき、「自分だけは大丈夫」「みんなが逃げないから、私も逃げない」等、心理的バイアスが作用する場合があること、ならびにその心理的バイアスの罠から脱け出す方法を理解する
⑤	心理的バイアスが存在することを前提に、土砂災害防止のための施設や情報をかしこく利用して、土砂災害の被害を最小限にとどめる方策を自ら考えるとともに、みんなで共有する

122

本章では、社会心理学等の知見を応用しつつ、より持続的で地域社会に根付いた土砂災害避難のためのリスク・コミュニケーションとして、小学校における授業プログラムの実践を紹介する。小学校の授業でそうした防災教育を取り扱うことにより、児童生徒を介して保護者や地域社会の意識・行動をも変えていくことが期待できる。

ここで、その防災教育の教育目標を図表Ⅲ-2-1のように定めた。

授業1回目〜土砂災害とはなんだろうか〜

以上の教育目標のもと、高知県の四万十町立興津小学校5、6年生を対象に行った全4回の授業の内容を紹介する。

最初の授業では、まず土砂災害の仕組みを、専門家である国土交通省の土砂災害の研究者に説明していただいた。まず、土砂災害が起きる原因としては地震と降雨の2つがある、つまり地震で山が強く揺れた際に起こる場合と、多量の降雨によって水とともに土砂が流れ出る場合がある。特に授業を行った高知県では、梅雨や台風などで頻繁に多くの雨が降るために、土砂災害が多く発生することを、児童がイメージを形成しやすいように実際の土石流の映像を見せながら説明した。

次に、①土石流は降雨で土が重くなって山が崩れ、水と土が混ざって流れる現象で、谷や川に沿って起きやすく、その下部にある家や道路に被害を与える一方で、②崖崩れは降雨で土が重くなり山などの斜面が崩れるため、崖の下部のみならず崖の上にある構造物も危険であるということを、土砂災害のメカニズムのイラストをPPTを見せながら視覚的に説明した。そのうえで、土砂災害が起きやすい場所は谷およびその延長線上、あるいは斜面であり、さらにそうした場所に家があると人的被害が発生するということを説明した。

そうした土砂災害についての説明のあと、クロスロードというゲームを行った。クロスロードとは、矢守ら[注1]が阪神・淡路大震災後に開発したものであり、さまざまな葛藤を伴う場面を提示し、シミュレーションを行うことで災害に備えることを意図したゲームである。例えば、「あなたは市職員です。震災後、各地から大量の支援物資が送られてきましたが、仕分け作業の人員が足りません。物資の保管場所も足りません。いっそ、支援物資を焼却処分する？　焼却

処分しない？」といった二者択一場面を想定し、そのモラル・ジレンマの中で
どう行動するのか、また、どうしてそのような選択をしたのか理由を考えさせ
るゲームであり、いわゆる「正解」はなく、どちらを選択したかよりもどのよ
うな理由付けを行うかが重要となる。

　このクロスロードを、土砂災害をテーマとして小学生向けにアレンジし、で
きる限り児童が「自分ごと」として捉えられるように配慮しつつ、以下の2問
を作成した。

　「昨日から大雨が降り続いていて、山の方からゴロゴロと変な音が聞こえて
きました。あなたは一人で家にいます。お母さんは買い物、お父さんは会社に
行っています。家で、家族を待つ？　待たない？」

　「朝4時、聞いたこともないような雨音で目が覚めました。町内の放送が聞
こえたような気もしましたが、雨音が強く、よくわかりません。家族はぐっす
りねむっています。とりあえず親を起こす？　起こさない？」

　これらを児童に提示し、自らの選択とともにその理由を発表してもらった。
加えて、保護者や家の人にも同じ質問をし、選択や理由を聞き取るという宿題
を出した。この宿題により、防災意識が家族にまで広がることを期待した。

　次に、興津地区の空中写真のアナグリフ画像（赤青メガネで立体視する立体
画像：A3判）を配布した。子どもたちには、立体視を通じて、危険箇所であ
る「急斜面」と「谷」を探して地図上に印を付けることを要請し、自分たちの
地域の土砂災害危険箇所を把握してもらった。この危険箇所をより実感を持っ
て把握してもらうため、「急斜面」と「谷」を記載した地図と、カメラ、記録
用紙を持参したフィールドワークを行った。フィールドワークには県庁や町役
場の担当者にも協力・同行してもらい、児童は危険箇所として印を付けたとこ
ろがどうなっているのか、何らかの対策がなされているのか等、気が付いたこ
とを同行者に質問し、得られた回答をメモしていった。そして学校に戻ってか
ら、県庁が指定・公表している土砂災害警戒区域の地図と、児童が印を付けた
危険箇所とを見比べて、興津地区の土砂災害危険箇所を改めて確認した。

授業2回目〜土砂災害を防ぐための砂防ダム〜

　2回目の授業では、まずフィールドワークで観察してきたこと、学んだこと、

気付いたこと等をグループ毎にまとめて発表を行うことから始めた。主な発表内容としては、「興津地区は谷や急斜面が多く土砂災害が起こりやすい」、「家があるところには擁壁や防護ネットがある」、「家がないところには擁壁や防護ネットがなく、たまたま通りかかった人に当たることが心配」といったものが見られた。

　1回目のフィールドワークでは、砂防ダム（えん堤）や擁壁を実際に見て、それらが土砂災害からまちや人を守るための施設として役立っていることを説明していた。この施設の役割とメカニズムの理解をより深めるため、金平糖やアラザンなどのお菓子を土石流に、おもちゃのブロックを家に見立て、画用紙上で簡易土石流を再現する実験を行った。この実験教材は国土交通省砂防研究室が開発したものであり、児童も楽しみながら砂防えん堤の仕組みを学ぶことができた。

授業3回目～避難タイミングを考えるゲーム～

　3回目の授業では、①降雨の程度と②テレビやラジオなどで入手した情報、そして③そのとき行うべき行動、の関係性を把握するためのカードゲームを行った。これはいくつかの要素を総合的に捉えて、どのようなときに避難するべきか等の判断力を養い、防災に生かす力を付けるために国土技術政策総合研究所砂防研究室が開発したものである。

　次ページのようなカードを並べる台紙（上段）と、大雨カード（中段）・情報カード（下段）がある。授業では、まず、児童一人ひとりが大雨カードをだんだん強くなるように並べることから始め、次に雨の状況に合わせて発表される情報を並べたうえで、それぞれの情報が出た段階で自分が取る行動を考え空欄のカードに記入する、という作業を行った。その後、児童が書いた行動のカードとその理由を発表させるとともに、専門家として筆者らが正解とその理由を教えた。

　また、「テレビやラジオなどで入手した情報」の詳細な説明として、「警報」と「注意報」と「土砂災害警戒情報」の3つの違いを説明し、土砂災害警戒情報の意義について学んだ。

　ここでは、上記のカードゲームで大雨カードを使ったが、それぞれの「降雨

図表Ⅲ-2-2　カードゲーム教材

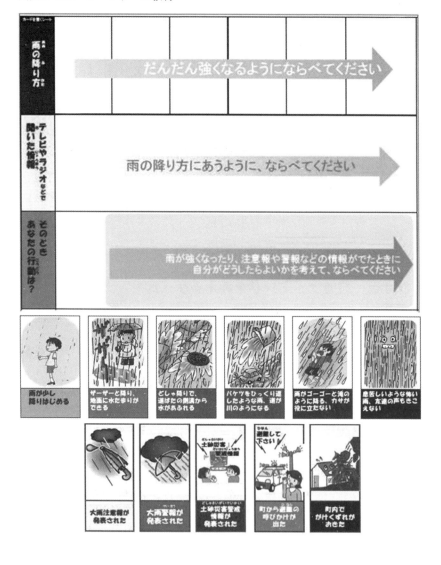

　の程度」は、専門家でない限り直感的には理解しづらいため、タンバリンとBB弾（プラスチックの球）を用いて降雨の激しさを音で実感できる実験を実施した。実験の手順としては、まずビニール袋の底にタンバリンを置き、「小雨の音です」と前置きして、BB弾数個をタンバリンに落とし、次第に落とす

BB弾の個数を増やし、最後はバケツ一杯のBB弾を落として息苦しくなるような豪雨の音を再現するというものであった。

授業最終回〜心理的バイアスの罠〜

　最終日、4回目の授業では、授業の総括として、興津の危険地域を再度確認するため、第1回目の授業で用いたA3判の空中写真（危険箇所記入ずみ）に砂防えん堤や擁壁・自宅・避難場所にシールを貼る作業を各自で行った。その後、2グループに分かれて討議し、大きな地図にシールを貼り直して、避難場所としてふさわしい場所とその理由について発表を行った。

　さらに、3回目の授業で行った①降雨の程度と②テレビやラジオなどで入手した情報、そして③そのとき行うべき行動、の関係性について、再度カード並べをして、避難のタイミングの復習を行った。

　また、これまでの授業を通して、児童の意識がどのように変化したのかを児童自身が把握できるよう、1回目の授業と同じクロスロードゲームを行った。ここでは、どう判断したか、その判断理由は何かを、各児童が手持ちのホワイトボードに書いて発表を行った。

　授業の最後には、災害時に避難行動を阻害する大きな要因となる心理的バイアスの存在について、専門家からのPPTを用いた講義を行った。これは「正常化の偏見」と呼ばれるもので、例えば、大雨が降っていて土砂災害の危険性があるにもかかわらず、「逃げるのは面倒くさい」といった気持ちがはたらき、「大雨といってもめったに土砂災害は起きないし家は大丈夫だろう」と物事を自分に都合よく認めやすい事実として捉えてしまう、人間が誰しも持つ心的傾向である。この「正常化の偏見」という専門用語をあえて児童に知らせることで、「私だけは大丈夫」「みんながいるから大丈夫」といった心理的バイアスに陥らないよう、「きっと大丈夫」と考えたときに「これは正常化の偏見じゃないかな」と考え直すくせを付けられるように注意喚起を行った。

授業の成果と可能性

　以上述べた授業は、災害のメカニズムの講義や防災施設の模擬実験といった理科的な内容と、クロスロードのような道徳科的内容、そしてフィールドワー

127

クや地図学習、避難タイミングを考えさせる作業などの社会科的内容を組み合わせた、総合的科目を想定したものであった。興津小学校の事例では専門家が支援を行ったが、この取り組みの成果である授業の各パーツは、一般の小学校においても比較的容易に取り組めるものである（一部の実験用機材は国土技術政策総合研究所砂防研究室等で貸し出し・手配可能である）。児童・教諭の評価は良好であり、同様の取り組みが各地で取り上げられることを期待したい。

　ここで、この授業実践で重視したポイントとその拡張可能性に言及し、本節のまとめとしたい。

　本授業実践では、児童が土砂災害の可能性を理解し、その被害を最小限に抑えるために自らが行うべきことを具体的に示唆したつもりである。これは、小学校高学年という発達段階では、災害を単なる知識として、「他人ごと」として知るだけでなく、自ら主体的に情報収集し判断を行う「自分ごと」として捉えさせることが重要であると考えたからであった。つまり、災害リスクという社会問題を自らにつながる問題として捉え、その緩和に主体的に取り組む児童生徒の育成が本実践の目標であった。これを出発点とすることが「公民的資質」の涵養につながる必要条件であるといえよう。

　今回取り上げた小学校での実践を、より高次の「防災まちづくり・くにづくり」につなげるためには、災害リスクを「自分ごと」として捉えたうえで「自分」は「社会」の構成員であること、「自分ごと」は「まち」や「くに」といった社会の課題につながることに気付くことが必要である。そして、それが、広い視野を持ち、さまざまなステークホルダーの利害が複雑に絡み合う社会的課題に対峙する意志と能力を持つ「公民」の育成につながると考えられる。

　このように、小学校段階で災害リスクへの対処行動を「自分ごと」として捉えることのできる児童を育成することで、その後の中学校・高等学校において、社会的ジレンマに代表される社会と個人間の対立や葛藤を深慮し、協力行動を模索するといった、高度な学習が期待できる。

注
（注1）矢守克也『防災ゲームで学ぶリスク・コミュニケーション―クロスロードへの招待』ナカニシヤ出版，2005.

第3章
生活防災を題材とした
社会的ジレンマ教材の開発とその評価

松村暢彦
（愛媛大学大学院理工学研究科生産環境工学専攻教授）

防災といわない防災教育

　日本列島において、阪神・淡路大震災から東日本大震災までの17年の間に、人的被害を伴う震度6弱以上の地震が18回発生している。毎年のように起きている人的被害を伴う地震に対して、防潮堤などの防災施設や津波タワーなどの避難施設の整備とあわせて、個人、地域のコミュニティが自然災害と向き合い、それに備える意識と行動を日ごろから醸成する防災教育に取り組むことが必要とされている。むろん、自然災害に常に脅かされてきた日本では、防災教育は新しいものではない。例えば、「稲むらの火」は第二次世界大戦前から教科書に掲載され、津波の教訓として教えられてきた。さらに、阪神・淡路大震災を契機に、火災避難訓練のような単発訓練型から、地震に備え、被災に対して立ち向かっていく、より積極的な防災態度を形成する新しい防災教育の在り方に見直された。この考え方によれば、事前の備えのみならず、災害発生時や被災後の復興プロセスまで、自ら判断し災害に対応することが目的とされる。その一方で、防災・減災に焦点化するほど、災害時が強調され、日常生活との乖離が懸念される。真の災害文化とは、日常生活の中に防災・減災の考え方、習慣が組み込まれている状態を指すと考えられる。こうした中で「生活防災」という考え方が注目されている。

　生活防災とは、「生活総体に根差した防災・減災実践のことであり、生活文化として定着した防災・減災にかかわる基本原則」[注1] と定義されている。この概念は、阪神・淡路大震災の際に、日常的に隣近所で声をかけ合っていた地域においては住民自らが救出活動を行っていたり、震災前から住民自身がまちづくり活動を行っていた地域においては復旧、復興がスムーズに行われたとい

う事実をもとに提唱された。生活防災は、日常生活でのコミュニティに親和的な行動が災害時にも役に立つという、防災行動を日常生活にビルトインするアプローチを取る。例えば、環境のことや地域の活性化を考えてクルマを使わずに、歩いて近くのスーパーに買い物に行くことによって、災害時の危険箇所を日常的に把握することができ、いざというときに的確な避難行動を取ることができる。この他にも図表Ⅱ-3-1のような生活防災の行動があげられる。

図表Ⅲ-3-1　生活防災の実践例

平時の生活防災の行動	災害時の貢献
町内会や自治会の地域活動に参加する	近所の人と連携して救助活動、災害時の活動を行いやすくする
挨拶など近所づきあいを大切にする	
日常的にゴミ減量を心がけている	災害廃棄物の軽減になる
日常的に自宅の整理整頓をしている	家具等の転倒による被害軽減になる
外出時には家族に行き先を伝えている	災害時の安否確認の助けになる
日常的に徒歩での移動を心がけている	危険箇所や避難経路が把握できる

　しかし、生活防災に基づく社会やコミュニティに親和的な協力行動は面倒で煩わしいことが多く、自己中心的、短期的な非協力行動を選択しがちになる。先ほどのクルマの例にとると、クルマは環境に悪いことはよく知っているし、今から近所のお店で買い物をし続けることで、高齢になってクルマを手放さなければならなくなった場合でも歩いて買い物に行くことができるということもわかっている。わかっていながらも、荷物が増えてもクルマなら楽で快適、郊外のショッピングセンターのほうが近所のスーパーよりも品揃えが豊富で安いために、クルマで郊外ショッピングセンターに買い物に行く習慣ができあがってしまう。そうすると、近所のまちの様子の変化もわからないので、いざというときに適切な避難ルートを通ることができなくなってしまう。このように生活防災は社会的ジレンマ（個人の合理的な選択が社会としての最適な選択に一致せず乖離が生じてしまうこと）の構造を持つことから、それを防ぐためには日常の生活と防災・減災行動がつながっていることを知ったうえで、豊かでよ

130

りよい地域社会を形成するためにはどのような判断をし、どのような行動を選択すべきか、思考、判断の観点が必要とされる。そこで、中学生を対象とした、社会的ジレンマを考慮した生活防災ゲームによる防災教育の教材を開発した[注2]。ここで中学生を対象にしたのは、東日本大震災を受けた防災教育・防災管理等に関する有識者会議において、中学生の段階の資質として、「地域の過去の災害や他の地域の災害例から危険を理解し、災害への日常の備えや的確な避難行動ができるようにする」と言及されていることによる。

開発した教材と学習プログラムの内容

学習プログラムの目標を「生活防災を題材とした教材を体験する中で、日常生活の関わりの中から防災・減災に貢献できることや、よりよい地域社会の形成につながることを理解し、実践しようとする」と設定した。

日常生活の関わりの中から生活防災を学ぶことを主眼とした本教材や学習プログラムは、以下の3項目に即して目標を設定した（図表Ⅲ-3-2）。

図表Ⅲ-3-2　3つの目標

社会的事象への関心・意欲・態度	生活防災ゲームの実践を通して、日常生活から防災を学んでいく姿勢や、日常生活をよりよく改善しようとする主体的な態度を育成する
社会的な思考・判断	自分の住んでいる地域で自然災害が起こり得ることを知るとともに、具体的な自分たちが取り組むことができる生活防災の実践例を考える
社会的事象についての知識・理解	生活防災ゲームの実践を通して、生活防災の意図や具体的な行動を理解するとともに、防災・減災に資する技能を身に付ける

生活防災ゲームは、4人のグループを作り、このグループを擬似的なコミュニティとして考え、生活防災に資する行動が災害時にも日常時にも役立つことをおはじきを用いて可視化した。最初に、おはじきを一人6個ずつ手元に持ってスタートし、出題された設問に対して生活防災に資する行動（協力行動）か、災害時に被害が大きくなるような行動（非協力行動）のどちらかを選ぶ。具体的なゲームの進め方は以下の通りである。

- 生活防災につながる日常生活の出来事の設問が出され（例えば、「自分の部屋が少しちらかってきました。あなたならどうしますか？」）、協力行動（「こまめに片付ける」）か非協力行動（「もうちょっとしてから片付ける」）のいずれか一方を一人ひとりで考えて選ぶ。
- 協力行動を選択した場合は自分の手元のおはじき一つをグループ共通の陣地に、非協力行動を選択した場合は自分個人の陣地に置く（図表Ⅲ-3-3）。つまり、グループで協力行動を選んだ人が多いほど、グループ共通の陣地におはじきがたまることになる（逆に自分の陣地にはおはじきが少なくなる）。
- 災害／日常カードを引いて、災害カードが出た場合はグループに被害が生じることになり、指定されたおはじきの枚数を取る。まずグループ共通の陣地からおはじきを取り、もし共通の陣地からおはじきがなくなってしまった場合にはそれぞれの自分の陣地から不足しているおはじきを取る。例えば、おはじきがグループ共通の陣地に4個、自分の陣地にそれぞれ5個あり、災害カードが出て、6個のおはじきをとらなければならないケースを考える。まずグループ共通の陣地から4個のおはじきが取り去られ、さらに自分の陣地から2個（6－4＝2）ずつとられて3個（5－2＝3）になる。つまりこの場合、グループから全部で12個（4＋2×4＝12）のおはじきが取られることになる。もし、グループ共通の陣地に6個以上のおはじきがあれば、6個のおはじきが取られるだけですむ。

設問は、自転車の修理、近所のおばさんとの遭遇、習い事までの移動等、生徒の身近に起こり得る日常生活に関することを中心に作成した。

開発した教材を用いた学習プログラムの学習指導案

図表Ⅲ-3-3　生活防災ゲームのセット

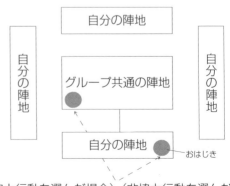

第3章　生活防災を題材とした社会的ジレンマ教材の開発とその評価

図表Ⅲ-3-4　学習プログラムの学習指導案

時限		学習活動	指導上の留意点
1時限	導入 (10分)	生活防災ゲームの導入と 意義の説明	・日本のどの場所においても自然災害が発生し、多大な被害を受ける可能性があること、防災対策の必要性を学ぶ。 ・写真や災害の一次資料を活用して災害時のリアリティを持つ。
	展開 (1) (35分)	ルール説明	・ルール説明は例題で具体的に説明する。
		生活防災ゲームの実践 (1)	・自転車修理、近所のおばさんと遭遇、習い事までの移動についての問題を3題出題する。
		前半戦の結果報告と 振り返り	・各グループのおはじきの枚数を発表してもらう。
2時限	展開 (2) (30分)	生活防災ゲームの実践 (2)	・友人との約束、部屋の片付け、暑い部屋での行動等の展開の3題を出題する。 ・ゲームを通して、おはじきが増減する理由を発表し合い、ゲームの勝敗の理由を考える。
	まとめ (15分)	ゲームの振り返り (生活防災の考え方)	・生徒が発表したゲームの勝敗理由をもとに生活防災の考え方を説明していく。 ・災害と日常は相反さず、相互に関連することを学ぶ。 ・普段から家族や地域で協力しながら生活を送ることの重要性を学ぶ。 ・日常生活での行動を見直し、災害時に役立つ生活を送ることで、防災・減災につながることを学ぶ。 ・災害時に役立つ生活を考え、行動することで、日常生活や地域がよりよくなることを学ぶ。
		感想シートの記入	・授業を通して学んだことを感想シートに記入する。

を図表Ⅲ-3-4 に示す。本プログラムは2時限の実施を想定している。

【1時限目】

4名のグループ単位で進める。まず、防災に関心をもってもらうとともに、

133

防災・減災への取り組みの重要性を学ぶために、日本全国どの地域においても地震が頻発していることを知る。また、被災写真や災害直後を映した映像資料を活用して、事前に防災対策をしていなければ大きな被害を受けることを知る。次に、生活防災ゲームのルールを説明するとともに、ルールが理解できるよう例題を全員で試してみる。その後、問題を3問行う。

【2時限目】

　引き続き問題を実施するとともに、最後には、グループが持っているおはじきの数を競い合う。そして、各チームでなぜおはじきの数に差が出たのか考える。一連の教材の体験を通して、生活防災に資する行動が災害時だけでなく、日常生活でも豊かな地域社会や家庭生活に寄与することを理解する。一連のプログラムのまとめとして、①災害と日常生活は相反せず、相互に関連しており、日常生活の関わりの中で防災・減災につながること、②普段から家族や地域で協力しながら生活を送ることの重要性、③災害に役立つ生活を考え、行動することで、普段の生活やまちをよりよくすることができることを説明する。

実践の内容

　阿南市立椿町中学校（全学年23名）で生活防災ゲームを2012年12月に実施した。学校が立地する徳島県阿南市は、昭和南海地震、昭和チリ地震によって地震や津波の大きな被害を受けた地域で、東日本大震災でも一部の地域で浸水被害が発生した。今後起こり得るとされる南海トラフ巨大地震でも、多大な被害が発生すると予測されている。

　教材や学習プログラムの有用性を把握するために、教材の楽しさ、教材の難易度について5件法で、災害への備えの理解、生活防災への理解については4件法で尋ねた。アンケートの結果をみると、教材の楽しさについては80％以上の生徒から「楽しかった」・「少し楽しかった」と回答したことから、多くの生徒が意欲的に取り組んだことが判断できる。教材の難易度については、57％が「ふつう」と答えたものの、43％が「簡単だった」や「少し簡単だった」と答えたため、生徒が深く考えられるような設問を設けるなど、設問の内容を再考する必要があると考える。災害の備えの重要性については、90％の生徒が「よくわかった」と回答し、残り10％の生徒も「大体わかった」と回答している

ことから、教材や学習プログラムを通して多くの生徒は災害の備えを理解したことが判断できる。生活防災の重要性についても同様の結果となったことから、教材や学習プログラムを通して多くの生徒は生活防災の重要性を理解したといえよう。

　自由記述では、「日々の生活を見直していきたいと思いました」や「普段している行動を当てはめると、損をかなりしたので、これからの生活習慣を改めていこうと思った」といったように、日常生活を見直すことがうかがえる趣旨の感想が多くあがっていた。また、「自分のことだけじゃなく、みんなのことも考えられるようにしたいです」や「これからは、自分のことだけではなく、地域のこともよく考えて、もし地震が起きたら、みんなで協力することができるようにしたい」といったように、他者や地域へ配慮した生活を送ることへの意欲がうかがえる趣旨の感想も多くあがっていた。以上から、学習プログラムを通して日常生活をよりよく改善していく主体的な態度の醸成につながることが示唆された。

　生徒の感想から「地域とのつながりは、とても大切だと思うし、常日頃から、地域とのつながりをもつことで、災害時に助け合うことができ、とてもいいことだと思いました」や「家の中ばかりでなく、外にでていろんな人とせっしていくことが大事だとわかりました」といったように、設問で提示した生活防災に資する行動について理解できた趣旨の感想があがっていた。このことから、学習プログラムで説明した生活防災の行動については理解されやすいことが示唆された。その一方で、防災・減災に資する技能については、ほとんどの生徒から、防災や日常生活をよりよくするための技能を身に付けることがうかがえる趣旨の感想はあがっていなかった。一人の生徒のみが、「災害があって、逃げるときは屋内では、スリッパをはいて逃げたいと思いました」というように、災害時での技能を実践していきたいことがうかがえる趣旨の感想があがっていた。今後は、本稿で提示したプログラムに加えて、防災に対する技能を身に付けられるような内容を盛り込む必要があると考える。

教材の成果と課題

　ここでは、生活防災を題材とした防災教育教材を開発し、徳島県阿南市の中

学校で実践した内容を紹介した。生活防災意識・防災意識の観点から教材の有用性を評価したところ、授業の楽しさ、理解のしやすさについては一定の評価が得られた。また、生徒の授業の感想からも生活防災の重要性を理解し、主体的に日常生活を変えていこうとする意欲も垣間見ることができた。

　しかしながら、設問に対して、規範的に望ましい行動が一見してわかってしまうため、半数近くの生徒が教材の内容が「簡単だった」・「少し簡単だった」と回答していた。規範的に望ましい行動を再確認することは重要であるものの、実際の行動と乖離してしまっていることが問題の根本であるという点の理解が不足する懸念がある。どうするかという意図を問うのではなく、どうしているのか（例えば、週に何回、隣の人に挨拶しているのか等）の行動を聞くほうがより現実の状況を反映することができ、生活防災の難しさを伝えることができるかもしれない。また、開発した教材や学習プログラムでは、防災や日常生活をよりよくするための技能を身に付けることが難しい。そこで、既往の技能を身に付けることができる防災教育教材と組み合わせることが有用であると考えられる。例えば、「防災カードゲーム シャッフル」は、カードゲームを通して、防災に関する技能を身に付けることを主眼としている[注3]。「ぼうさいダック」は、カードと同じ動作を真似ることで、防災や日常の危険から身を守ることや、挨拶やマナーといった日常の習慣についての技能を身に付けることを目的としている[注4]。いずれにしても、生活防災は既存の避難訓練等の防災教育とあわせて実践していくことが重要であるといえる。

注
（注1）矢守克也『増強版＜生活防災＞のすすめ』ナカニシヤ出版，2011.
（注2）石原凌河・松村暢彦「生活防災を題材とした防災教育教材の開発とその評価」『土木学会論文集H』土木学会，Vol.70，No.1，2014，pp.1-12.
（注3）幻冬舎エデュケーション「防災カードゲーム シャッフル」幻冬舎エデュケーションホームページ，http://www.gentosha-edu.co.jp/products/post-112.html.
（注4）林国夫・吉川肇子・矢守克也・田和淳一「防災教育ツール『ぼうさいダック』の開発と実践―呉市消防局の事例を中心に」『日本リスク研究学会誌』日本リスク研究学会，No.17，Vol.3，2008，pp.103-110.

第4章
防災教育のあるべき姿と
地震・津波防災 DIG・土砂災害対策 DIG

小村隆史
（常葉大学社会環境学部社会・安全コース准教授）

問題の所在

「防災教育は何か」と子どもたちに聞けば、多くは「揺れたら机の下にもぐること」「避難所や避難経路の確認」「お・は・し・も」「非常用持ち出し袋の準備」と答えるだろう。大人に聞いても答えは大差あるまい。では、被災者が次のように語ったなら教育者は何と続けるだろう。子どもたちは何を考えるだろう。

> 避難には成功しました。しかし、私は「人生最大の買い物」である家を失い、職場も失い、人生を完全に狂わされてしまいました。そして私のふるさとは災害で破壊されました。防災教育といっても、学校では年1回の避難訓練しか思い出せません……。

教育とは、未来を担う者たちにメッセージを託すことである。今からおおむね20年以降（2038年という説もある）のある日、伊豆半島から九州東岸までの太平洋沿岸を襲う巨大災害がある。90年から150年の周期でこの地域を襲ってきた巨大災害の、直近の発生から今年（2015年）で70年。被災範囲の広さと社会経済的影響の大きさから「先進国日本の最後の日」「日本が三流国家に落ち込む」とすら言われる災害である。今日学びの過程にある子どもたちは、この巨大災害が起こる日には社会の中核世代である。では、彼ら彼女らに避難を教えておけばこの巨大災害の被害は防げるのか。

防災は「予防」「対応」「復旧・復興」の三本柱からなるが、最も重要なのは「予防に勝る防災なし」という考えである。「避難をするのが防災」との間違った刷り込みにはぬぐい難いものがあるが、本来は「避難をしなくてすむのが防災」である。つまりは「多少時間はかかっても、避難をしなくてもすむ家に住もう。避難しなくてすむまちをつくろう」でなければならない。「避難成功（し

かし人生崩壊・故郷消滅）」のレベルで満足してもらっては困るのである。

　では、世にあふれる防災教育は、そのような中身を教えているのだろうか？
この点について筆者は、極めて否定的である。「大人になったら、避難しなく
てもすむまちをつくる担い手となってもらいたい」というメッセージが託され
ているようには全く思えないのである。

　小論では、このような問題意識から防災教育のあるべき姿を考えてみたい。
前半は総論として防災教育の体系を「2つの軸」「4つの段階」で示してみたい。
また後半は各論・実践論として、地震・津波防災と土砂災害対策を取り上げ、
筆者らが開発した災害図上訓練 DIG（Disaster Imagination Game）のノウハ
ウの防災教育への生かし方について説明することにしたい。

「釜石の奇跡」再考：避難をしなくてもすむまちづくりこそが防災

　東日本大震災において釜石市の小中学校に通う児童生徒のほぼ全員が無事避
難できたことは、「釜石の奇跡」として防災関係者にはよく知られている。筆
者もまた、「釜石の奇跡」の立役者である群馬大学の片田敏孝先生をはじめ、
釜石市また岩手県の防災教育関係者に敬意を表する者の一人である。しかし、
今後もあのような教育を展開すべきという人がいれば、筆者は「ちょっと待っ
てくれ！」と言いたい。

　「与えられた条件下で（避難についての）ベストを尽くせ」との教えは、対
応の防災教育としては100％正しい。しかし、予防にはつながらない。戦闘レ
ベルの教えとしては正しいが、戦術レベルでももちろん戦略レベルでもない。
「今起こったらどうするか」の現在形の教えではあっても、「避難しなくてもす
むまちづくりを担える者になれ」との未来形の教えでもない。ベストを尽くせ
と言うならば、そのような状況に陥らないように、あるいはそのような状況を
変えることにベストを尽くせ、ではないか？

　「戦略の失敗は戦術では取り戻せない」とは、軍事・戦略の分野では言い古
された言葉であるが、防災にも当てはまる。この場合、戦略を重要施設の立地、
広義には「まち・くにのかたち」と、戦術を避難と読み替えればよい。避難で
命は守れる「かもしれない」が、避難でふるさとは守れず、人生も守れない、
と教えるべきである。いわんや南海トラフ地震は、東日本大震災と比較して震

源域波源域が近いので（津波高はともかく）津波襲来までの時間ははるかに短い。避難で命を守れるかどうかも保証の限りではないと教えるべきだろう。

　ましてや教育の「有効期限」は一生涯である。筆者は、大人になって自宅購入を考えるときには津波リスクを考えて安全な高台を選びかつ購える者、医療機関・社会福祉施設・学校・行政機関が安全な場所になければ「間違っている！」「変えていかなくては！」と主張できる者を育てたい、と思っている。

防災教育の体系性（その１）：時間軸と空間軸という「２つの軸」

（1）「未来形の防災教育」

　時間の観点から防災教育のあるべき姿を考えるとき、まず問いたいのは、「10年経てば大人になり20年経てば親になる」という、成長し未来ある者としての「将来の大人」への教育はどうあるべきか、という問題意識である。「揺れたら机の下にもぐりなさい」といった「今起こったらどうするか」の災害対応を教える防災教育はわかりやすく、実践事例も多い。筆者はこれを「現在形の防災教育」と呼んでいる。ただ、長い人生の安全と安心を獲得するには、例えば「人生最大の買い物」である自宅購入にあたっては災害リスクの少ない場所を見抜く目とそれを購う経済力が不可欠であるように、「将来のための防災教育」すなわち「未来形の防災教育」が必要だ、と訴えてきている。出前講座において筆者は常に以下のような問いかけをしている、と言えば、理解してもらえるだろうか。

　　今は、個人・家族としても、まちとしても、安全ではないかもしれない。でも、将来は、安全な環境を勝ち取ってもらいたい。そのためにはまず、安全な環境とそうでない環境を見抜く目を養ってもらいたい。次いで、そのような環境を購えるだけの経済力を身に付けてもらいたいと思う。さらには社会に対して、より安全なまちへとつくり変えていくことを働きかけるような、そのような者になってもらいたい。

（2）「時代の宿命」と「残された時間をどう生かすか」という発想

　時間の観点から防災教育を考えるとき、より重要なことは、21世紀前半の「時代の宿命」を理解させなくてはならないことである。前述の通り、今日の子どもたちは、おおむね20年以降に日本社会を襲う巨大災害が起こる日には社会

の中核世代になっている。超広域の災害への対応と、社会経済的なものを含む被害からの復旧復興を担ってもらわなくてはならない。と同時に、この世代は、残された時間の生かし方次第で巨大災害の被害量を大きく減らせる可能性を持つ世代でもある。

　筆者が危惧しているのは、この「残された時間をどう生かすか」という発想（あるいは動機づけ）は、現在形中心・対応中心の防災教育では原理的に出てこない点にある。避難訓練を月1回20年行ったところで、本質的なところで被害を減らすことはできない、ということが理解できないことはないだろうに……、なのである。何せ、家やまちは避難できないのだから（余談だが、避難を教えられた子どもたちが大人になったとき、誰が避難者を支援するというのだろう……）。

　時代特有の事情としては、降雨パターンの変化も落とせない。2014年8月の広島市土砂災害を例に取るまでもなく、土砂災害を含む風水害の多発も、もう一つの「時代の宿命」である。時間雨量100mmを超えるような降雨は、文字通り今まで経験したことのない結果をもたらす。降雨に加え、温暖化（特に冬季の最低気温の上昇）により、今まで日本になかった感染症の蔓延も危惧されている。

　加えてもう一つ、一般には防災教育の範疇とは思われないだろうが、「時代の宿命」を考えるうえで忘れてはならないのが、「格差社会」あるいは「反知性主義」「学びからの逃走」である。安全で安心な暮らしには一定水準の知力と経済力が不可欠である。「災害は貧しい者によりつらく」。この時代に限った話ではないが、安全・安心な暮らしには学びは不可欠である。ましてや、30〜50代に超広域の巨大災害に見舞われることが予定されている世代である。「ベストの災害対策は学びである」と言うことすらできるのだが、そのことが広く理解されているとは到底思えないのだ……。

(3) 防災教育における「空間の概念」：問われるべきは「この国のかたち」

　防災教育における空間の概念は、時間の概念に比べれば、より容易に理解してもらえるだろう。「避難することが防災ではなく、避難しなくてすむまちをつくることが防災」である。全体状況を俯瞰的に見て現状と問題点を把握し、重要施設の立地の見直しを手始めに自然の摂理にかなった土地利用ができてい

るまちへとその姿を変えていくこと、そのような発想を持ちその担い手となれ、という意識付けである。

　地域を俯瞰的に見ることができるかどうかを考えるならば、小中学生にはいささか荷が重かろう。しかし、高等教育レベルでは当然に求められる。現状分析の防災マップ作りは小中学生レベルでもできる。しかし、防災教育における空間軸の議論は、そこを出発点としつつも、あるべきまちのかたちを追求し、かつその姿へと変化させていく担い手を育てるという意味で、もう少し高いレベルのものである。

防災教育の体系性（その2）：防災教育の4つの段階

　ここまで述べてきた時間軸と空間軸という2つの軸は、「現在×未来」や「自分・家族×まち・くに」など単純に二分化すべきものではなく、また本質的にできるものでもあるまい。ではあるが、あえてそうすることで、発達段階に応じた防災教育の4つの目標レベルを示すことが可能となる。

（1）小学生段階：自分を守れるようになること

　小学生段階での防災教育の目標は「自分の身の安全を自分一人でも守れるようになる」ということで必要にして十分であろう。「現在形×自分」である。可能ならば家族も守れるように、と言いたいところだが、低学年には難しい課題であろう。ちなみに、本来であればこの段階の基本は「大人の指示に従うこと」である。しかし、大人が適時的確な指示を出せるかについては、東日本大震災における石巻市立大川小学校の悲劇という実例がある以上、当てにしてよいのか？　と言わざるを得まい。特に避難については、大人に対して「避難しましょう！」と自発的積極的に言えるようになることも重要な要素となる。

（2）中学生段階：周囲の人も守れるようになること

　中学生段階となれば、もちろん学年にもよるが、肉体的には大人との差が小さくなる。それゆえ自覚させなくてはならないことは「君たちは無力な幼子ではない」ということである。小学生段階で達成すべき「その場で自分（可能であれば家族も）を守る行動をとれるようになろう」に加え、自分と家族以外の周囲の人に対しても支援の手を差し伸べられるようになろう、というのが、この段階での目標である。「現在形×まち」である。具体的には、互助（共助）

141

として知られている災害対応一般（初期消火・救出・応急救護など）は大人と同様体験してもらうことが目標となろう。

（3）高校生段階：自分の未来を守れるようになること

　小中学生段階の防災教育のあるべき姿は、従来からの防災教育論議と大きく異なるものではない。発達段階からしても、現在形の防災教育、あるいは対応の防災教育が現実的であろうと筆者も考えている。だが、高校生段階以降は大きく異ならざるを得ない。

　繰り返しになるが、今日の子どもたちが生きる「時代の宿命」は、働き盛りの30代から50代のある日、「先進国日本の最後の日」とも言われる超広域の巨大災害に見舞われ、否応なしに巻き込まれる、というものである。「未来形×自分」、つまりは最低限、自分（と家族）の未来を守れる者になってもらわなくては、何より本人が困る。この意味で、高校以降の防災教育は、本質的にキャリア教育としての側面を持つ。また「人生最大の買い物」は安全な立地に求めよという観点では、消費者教育としての側面も持つ。

（4）大学生段階：地域の未来を守る担い手となること

　実社会に船出する最終の準備段階での防災教育が、避難経路の確認や、自己目的化してしまった防災マップ作りのレベルでは、さすがに情けないだろう。繰り返しになるが、防災は予防・対応・復旧復興の三本柱からなり、特に「予防に勝る防災なし」である。「時代の宿命」をも考えるとき、曲がりなりにも高等教育を終えた者であるならば、立地と構造の見直しによりまちの未来を守ることの担い手となってもらわなくては、日本の将来はおぼつかない。「未来形×まち」の防災教育が問われている所以である。

　「防災まちづくり・くにづくり教育」は、子どもたちの発達段階からしても大学教育のプログラムが相応しかろう。もちろん、都市計画や土地利用規制、地理学、工学、財政・税制や地方行政といった幅広い分野について、教養課程レベルの学びは求められる。安全性追求と利便性追求の衝突にどう折り合いをつけるかについても、大学生であれば多少は考えられるであろう。だが、それらの学びもさることながら、現状のまち・くにのかたちのどこがどう間違っているのか、またそれらを変えるための方法論はどのようなものか、といった根本的な問題意識を持たせることがより重要であろう。そして、そのような問題

意識を抱きつつその後の社会人生活を送る者が増えていけば、約四半世紀後の「その日」を意識しつつまち・くにのかたちを変えていくことも、次第に可能性あるものになっていくことだろう。基本的な考え方は「重要施設の高台移転により安全な高台が便利な高台となれば、多少時間はかかろうが、いずれはそこがまちの中心となる」であり、これをどう実現させるかの方法論を巡る議論こそが中心テーマになるはずである。

DIGを用いた防災教育のポイント（その1）：地震・津波防災DIG

　災害図上訓練DIG（ディグ、Disaster Imagination Game）は、1997年、当時三重県消防防災課に勤務していた平野昌氏と三重県在住の防災ボランティア、そして防衛庁（当時）防衛研究所に勤務していた筆者の三者が作り上げた、地図を使った参加型防災ワークショップのノウハウである。地図を前に、どれだけ「防災の物語」を語るか、参加者に「防災の物語」を考えさせることができるかの世界である、と言えば、理解してもらえるだろうか。

　本節と次節では、現場の中高教員を念頭に置きつつ、防災についての専門性を持たない方であっても、DIGにおいて正しい「防災の物語」を語ってもらえるよう、その物語の勘所について述べてみたい。

（1）1つ目の柱：震度6強の揺れをイメージさせよ

　「地震大国の日本ゆえ、全国どこであれ、震度6強の揺れはあるものと覚悟しておくべき。」地震・津波防災DIGの冒頭、筆者はこのように訴えたうえで、震度6強の揺れが何をもたらすのかを、個人作業やグループワークで確認する作業を行わせている。

　「地震で人は死なない。耐震性に欠ける建物に潰されて人は死ぬ。」阪神・淡路大震災最大の教訓であり、耐震性に欠ける建物は10秒も持たずに倒壊、下敷きとなった方々が犠牲になった。震度6強（以上）の揺れにも耐えられる建物のほうが多数という時代にはなったものの、弱い者（物）を選んだように襲いかかるのが災害である。この現実からスタートせず、いきなり「避難場所・避難経路」云々から始まる地震・津波防災論議はニセモノである。

　筆者が行う地震・津波防災DIGでは、最初の柱として、「揺れが収まったあとに」己が取るべき行動を個人ワークとグループワークで書き出してもらった

143

あと、記録映像と実験映像で揺れと被害の実態を確認・検証させている。これにより、自分たちが思い描いていた揺れや被害のイメージはリアルなものか、地域住民に求められる被害局限のための具体的な災害対応がしっかり意識化・明文化できていたかの自己採点ができる。さらにその後、求められる予防策・事前準備は何かを問い、本来あるべき防災とは何かへと誘導するようにしている。

(2) 2つ目の柱：「着眼大局：事態の深刻さをイメージさせよ」

2つ目の柱を、筆者は「着眼大局」と呼んでいる。具体的には、首都圏から九州東岸までを含む1／20万の地勢図を展開し（6m×2mほどになる）、駿河トラフ・南海トラフ沿いの地震・津波の被害が及ぶ範囲のイメージを持ってもらっている。この縮尺では、阪神・淡路大震災の被災範囲は手のひら2つ分。これに対して、駿河トラフ・南海トラフ地震の被害範囲は大人2人が両手を広げたくらいとなる。静岡、愛知、三重、和歌山、徳島、高知、愛媛、さらに大分と宮崎、状況によっては大阪を含むその周辺の府県においても死者が発生しかねない超広域の災害である。被災地域外からの支援にどれほどの「手厚さ」も期待できないと、一目で理解できるだろう。広さの差のみならず、この地域の人口の多さと社会経済活動の活発さを想起するよう促せば、この範囲が同時に被災地となる災害がどのようなものか、事態の深刻さについて、イメージをもってもらえることと思う。

前述のように、この「被災範囲が極めて広く」「社会経済的インパクトも計り知れない」絶望的な巨大災害だが、一つだけ救いがある。それが海溝型地震の周期性に鑑みての20年程度の準備期間である。しかるべき準備（一義的には予防）に、十分ではないかもしれないが、「全く足りない」ではない程度の時間的余裕はある。問題はその時間を生かせるか（あるいは生かせずに終わってしまうか）、である。子どもたちにそのような意識付けをするためにも、1／20万地勢図を前に物語る「着眼大局」のワークには、ぜひぜひ取り組んでもらいたいと強く願っている。

(3) 3つ目の柱：地域の被害量を見積もりさせよ

地震防災のイロハのイは建物の耐震性確保。とすれば、現時点で覚悟しておくべき被害を「当たらずしも遠からず」程度には見積もらせたうえで、「現状ではかくかくしかじかだが、これをどう変えて（少なくして）いくか」と問う

144

ことが、地震防災の進展には不可欠である。そこで、地域に残る古い耐震基準時代の家屋数を手がかりに、建物倒壊による生き埋め者数（＝要救出者数）、負傷者数、死者数を、簡単な掛け算のみで見積もらせる書式を導入、参加者に被害量を算出させている。

　子どもたちには「この分析はあくまで現時点での被害見積もりに過ぎない」という点を強調している。建て替え（や二義的には耐震補強）により丈夫な家が多くなれば、地震の被害は減らせる。この過程を通じて子どもたちには、「地震による被害は減らせるのだ！」という意識を持たせたい、と思っている。

(4) 4つ目の柱：残された時間を生かして地域をどう変えていくか

　揺れのイメージを持たせ、全体状況を把握させ、個々の地域での被害量を見積もらせたからには、残された課題は、残された時間を生かして地域をどう変えていくか、である。ここではA0判程度の地域の地図を用いている。地図は住宅地図メーカーのゼンリンがDIG用地図を販売しているのでそれを活用している。版面はA0判、縮尺は1／1500なので、おおむね東西1km、南北1.5kmが地図内に収まる。中学校区程度と考えてもらえればよいだろう。

　地域改善策の検討過程は模造紙に整理させている。先に述べた被害量見積もりを①として、②地域の強みと弱みの洗い出し、③強みを生かし弱みを補うための提案を付箋紙で書き出させ、④この地域を災害に強くするための参加者からのメッセージ、としてまとめさせる、という具合である。

　地震・津波防災DIGの標準的な流れはこのようなものだが、これらの過程を踏むにはかなり切り詰めても3時間程度の時間を要する。50分1コマや2コマでDIGをやってほしいという依頼もあるが、まともな教育には相応の時間がかかるということは理解しておいてもらいたいと思う。

DIGの成果を発表している生徒たち

DIGを用いた防災教育のポイント（その2）：土砂災害対策DIG

　地震・津波防災のみならず、今後は土砂災害（広くは風水害）のリスクも高まっ

ていくことになる。そのため、こ
こ1、2年は土砂災害対策DIGの
依頼も出てきている。

（1）もっとも重要な着想：「住む場所選びの目を育む」ということ

　土砂災害、中でも土石流災害は、その流速が速く、かつ予兆現象があるとは限らないため、事後対応では間に合わない。そこで子どもたちには、土砂災害が発生する場

図表III-4-1　地震による建物被害の見積もり

地震による建物被害の見積もり（震度6強を想定）

私たちの地区（自主防災会）では		見積もりにあたっての注意事項
1.人口	人	1世帯あたりの平均人数を2.5人と仮定
2.世帯数≒家屋数	世帯	集合住宅は部屋数を家屋数として加える
3.旧基準木造家屋数	棟	昭和56年以前に建てられた旧耐震基準の木造家屋は地区に何棟あるか。戸建の家屋数を目安に考える。
4.全壊（旧基準木造家屋の30%）	棟	全壊する棟数は旧基準木造住宅の10%から70%の間である。基準は30%とする。
5.倒壊（全壊家屋の10%）	棟	震度6強の場合は10%、震度7の場合は15%〜20%が倒壊するといわれている。
6.生埋め	人　人	地震発生の瞬間、1階にいる人数は時間帯によって異なる。
7.重傷	人　人	生き埋めになる者のうち、半数が重傷になると想定
8.死亡	人　人	重傷者のうち3分の1が死亡と想定

耐震性があるマンション等で町内会が構成されている場合、家具等の転倒による被害がどの程度出るか考える。

所が限られている以上、そのようなリスクのある（高い）場所には住まないことが土砂災害対策の大原則であるということを教えなくてはならない。土砂災害対策DIGは、気象予警報や前兆現象、避難指示等々の理解よりも、「住む場所選びの目を育む」を目標にかかげ、災害リスクの有無・大小を判断できる力を身に付けさせることに重きを置いたプログラムである。

（2）模擬地図で土地理解の基本を学ぶ

　地図判読の基礎は小学校5年生で学ぶことになっているが、実のところ、地形図を読む力は大人でもかなり心もとない。土砂災害対策DIGでは、最終的にはそれぞれの地域の地図に取り組んでもらうのだが、その前に地形図判読のイロハを教える必要がある。筆者らは、消防庁消防大学校による「自主防災教育指導者用教本」（http://www.fdma.go.jp/html/intro/form/daigaku/kyouhon/index.htm）に収録されているDIG用模擬地図を用いるのを常としている。この模擬地図を用いて、①地形の特徴、②災害リスクが示唆される地名、③土石流が及ぶ範囲や堤防決壊リスクの高い場所・浸水範囲等を、地図から読み取る訓練をしたあと、実際の地形図に取り組ませている。

（3）旧版地図と防災ジオラマによる地形理解と実被害図の対比

　都市化が進んだ地域では、現行の地形図から災害リスクを読み取りやすい「素の地形」を読み取ることはなかなか難しい。だが、今より人口が少なく都市化も進んでいなかった大正年間まで遡り、その時代の地図を用いれば、その地域・地形が潜在的に持つ「地形に起因する災害リスク」は比較的読み取りやすい。

幸か不幸か「模範解答が用意されている練習問題」が一例あるので、それに取り組むことをお勧めしたい。それが、国土地理院による1／25000地形図「祇園」（2014年の広島土砂災害箇所を図郭内に持つ）であり、空中写真による写真判読図（http://www.gsi.go.jp/common/000095316.pdf）である。

　周知のように国土地理院では、古くは明治年間にまで遡ることができる旧版地図と呼ばれる昔の地形図の謄本交付を行っている。例えば、上述の「祇園」は、大正14年測図のものまで遡ることができる。土砂災害リスク判読で最も重要な読図ポイントは尾根筋と谷筋なので、この地図を使って「尾根筋は赤」「谷筋は青」と色鉛筆を用いて確認させている。作業のやりやすさを考えると版面をA3判、地図は150％程度に拡大するとよいだろう（著作権法上教育目的での地形図コピーは許容されている）。実測被害図もコピーの倍率を調整して地形図同様とすれば、「ビフォー＆アフター」ができるわけで、地形図判読の上手下手を自身で確認することが可能となる。

　土砂災害リスクの把握のうえでは、段ボールを用いたジオラマの活用（http://bosai-diorama.or.jp/）も効果的である。3D地図であれば地形判読は直観的に可能となるわけで、紙地図同様、尾根筋と谷筋に赤青のテープを貼ることで、3D地形が2D地図ではどう表現されるのか、またその逆はどうなのかの理解も容易である。これらの作業のあと、地域の実際の地形図に取り組ませれば、土砂災害リスクの判読も、さほどハードルの高いものとはならないであろう。

おわりに

　以上、前半では今日求められている防災教育の中身とその体系性について、「防災まちづくり・くにづくり教育」のあるべき姿にも触れつつ述べてきた。「時代の宿命」としての南海トラフ地震・津波の被害範囲の広さと社会経済的影響の甚大さ、さらに「20年ほどの時間的猶予」という唯一の希望を考えるとき、追求すべきはこの方向性以外にない、と筆者は確信している。また後半では、前半で述べた総論を災害図上訓練DIGにおいて物語るうえでのポイントを述べた。詰め込み過ぎの感があったとすれば、それは筆者の責である。機会があれば、改めてこのテーマについて語ってみたいと思っている。

第5章

震災遺構から学ぶ

岩坂尚史
(お茶の水女子大学附属小学校教諭)

はじめに

　筆者は、震災後から約1年半過ぎた2013年の夏に陸前高田市を訪れた。岩手県の中で、東日本大震災で亡くなった方が最も多い都市である。他の地域よりも平野が広がっているので、大きな津波がまち全体に押し寄せたのかもしれない。建物が流され、まだ新しい建物がなく、まちが見通せるため、被害の大きさが伝わってくる。

まちの様子

　その際に、陸前高田市の震災直後の様子を陸前高田観光協会の方に伺った。
　「日本百景の一つ高田松原の7万本の松が一本しか残っていない。気仙沼とつながっている橋が流され、道路が寸断され、陸前高田はしばらく孤立してしまった。支援物資もなかなか来なかった。」
　橋をも寸断する津波のおそろしさ、そして、津波の被害だけでなく、救援物資が届かない被害があったことなど二次被害の大きさを実感した。
　「地震当時は市役所に来ていた。揺れが収まってきたら市役所の中からみんな出てきた。みんな何をするんじゃなく右往左往されていた。」
　「必ず津波の前に地震がある。地震がないと津波は来ない。それから逃げることが

奇跡の一本松

できる。そのときにどういう意識で逃げるかが重要だと思う。」

　危険なことに遭遇するとなかなか行動に移せないことがよく伝わってきた。どういう判断をし、行動を取っていくかということを日ごろから考えておかなければ、緊急時には行動できないのだろうと感じた。

　「公共施設がほとんど流された陸前高田市はお金がない。今、建物を解体すると国から解体費用がでる。この機会を逃すと、費用が出なくなるから、どこの自治体でもどんどん建物を解体しだしている。しかし、これでいいのかと常に思う。チリ地震、昭和8年、明治29年、津波の悲惨さが一目でわかる建物を残していかなければ悲惨さが伝わらなかったと思う。しかし、そこで亡くなった遺族の方などの話を聞くと、一概にも言えないところもあって、本当に難しい。」

　100年後、1000年後の津波防災を考えたとき、ガイドさんは陸前高田市役所や市民体育館は「物言わぬ語り部」とおっしゃっていた。津波の被害が一目瞭然の震災遺構。しかし、その建物を巡っては、解体を望む被災者の方の声があったり、まちの復興計画とのかねあいがあったりなど、さまざまな問題があることを教わった。ここで学んだことを子どもたちと一緒に考えていきたいと思い、以下の題材を設定し学習を進めた。

授業実践からの考察

1　題材名

　「東日本大震災からのまちづくり～震災遺構はどうすべきか～」（2013年1～3月第5学年実施）

2　題材の概要

　東日本大震災から復興し、災害に強いまちづくりをするにあたって、津波で被災した陸前高田市と大槌町の震災遺構を取り上げ、保存すべきか解体すべきかを考えさせた。

　まず、陸前高田市の市民体育館を事例にして考えた。陸前高田市では、さまざまな議論の末、被害者が出た建物は解体し、被害者が出ていない建物を4つ保存するという結論になったが、その背景にはどんな対立点や論点があったかを調べた。その後、同じ岩手県でも、授業実践当時はまだ解体か保存かが決定されていない「大槌町の旧役場」について考えることにした。被害者の数、ま

ちの復興計画など場所が違えば、考える要素も違ってくる。陸前高田市の事例で、子どもたちが行った価値判断・意思決定の仕方や考え方を生かしながら、大槌町の役場はどうするべきか考えさせることにした。大槌町の役場は、第16時の授業を行った2日後に最後の検討委員会が開かれ、その1カ月後には保存か解体かが決定されることになっていた。

3 震災遺構がもたらす今後の津波防災の意義

(1) 個人個人の防災意識への喚起

　日本列島は4つのプレートが重なり合うために地震が多発しやすい地域である。地震から起こる津波や土砂崩れなどの自然災害を防ぐために、国や都道府県などがさまざまな対策を進めている。東日本大震災で被災した岩手県や宮城県では、明治三陸津波・昭和三陸津波・チリ地震津波などの過去の津波を分析し、堤防を強化したり、ハザードマップを作成したりして、災害の被害を最小限に抑えるように防災対策に力を入れてきた。しかし、2011年3月11日の東日本大震災では、想定していた以上の強い揺れと高い津波を経験し、未曾有の災害と呼ばれる結果となった。このように、今後また想定外の津波が来る可能性は否定できず、ハード面では、万全の体制を作ることは難しいと考えられる。

　そこで、津波に対する意識とその際の行動が重要になってくる。「津波の教訓どう活かす」（朝日新聞 2013.1.29）には、被災者11,400人のアンケートの結果が掲載されていた。その中には、「大津波警報に対して半信半疑であったと答えた人が3割」というデータや、「過去の大津波を私たちは忘れていた。震災を風化させず、語り継ぐことが大切」と津波で家を流された方の声があった。震災遺構を保存し、津波の恐怖が語り継がれることで、大地震の際には津波が来る数十分の間に高台へ避難するなどの行動につながると考えられる。

(2) より地震や津波に強い建物をつくるために

　震災遺構は、1000年に一度の大災害だからこそ、1000年に一度の歴史的建造物といえる。津波のメカニズムはわかっていないことが多い。大きな津波からダメージを受けつつも、現在残っているということは、それだけ建造物としては強い構造である。この震災遺構を保存し研究することは、今後の津波の研究や各都道府県からの防災を考えていくうえで注目されている。

4　震災遺構保存にあたっての問題点

（1）震災遺構がもたらす、まちの防災計画の遅れ

　今後災害に強いまちにするために、土地をかさ上げしたり、高台へ避難しやすいような道路をつくったりするなど土地計画がなされていくわけだが、その場所が、震災遺構が残っている場所と重なっていないかが重要になってくる。

　実際に、陸前高田市が作成した今後のまちづくりプランによると、かさ上げして市街地をつくる予定の場所に陸前高田市民体育館が重なっていた。それも一つの理由として、解体されることになった。

（2）何に費用を優先していくか

　震災遺構を保存するなら、被害にあった部分などを補強するために資金を投入しなければならないし、それに伴い年間維持費もかかってくる。

　東日本大震災から2年近くたった当時でも、仮設住居に暮らしている方は、陸前高田市で2,057名、大槌町では4,589名となっており（2013年2月1日現在）、住宅再建の見通しがたっていないことにストレスを感じておられる。震災遺構を解体し、住民の方が暮らしやすいまちを作ることへ費用を優先していくということも考えられる。当時は2013年3月までに、解体を申請すると、費用は国から全額補助だったので、費用面で解体することのメリットは大きかった。

（3）震災遺構で被災した遺族の気持ち

　津波で大きな被害を受けた被災者やその建物で亡くなった遺族にとって、その建物を残すということは、精神的に大きな負担を強いることになる。遺族の方にとった大槌町旧役場庁舎の今後の在り方に関わるアンケート調査結果によると、旧役場の遺族の方の37名中18名が、「解体すべき」、14名が「保存すべき」、5名が「どちらとも言えない」と答えている。後世に語り継ぐといった理由で保存するという考えの方がいる一方、解体すべきが上回っており、「旧庁舎を見ると遺族を思い出し、精神的につらい」という意見が解体すべきと答えた方の半数を占めている。

5　題材のねらい

　震災遺構をどうすべきかということを考えることを通して、

　・社会問題には、さまざまな考えが対立しており、多様な立場から考えることが大事だということがわかる。

・大地震や津波のことをより身近に深く感じ、今後の津波防災について考える。

・今後起こり得る災害に対して、個人がどんな行動を取るべきか、社会的な施策はどうすべきかなどといった広い視野で、考え続ける。

6　授業の履歴

1時	東日本大震災で身の回りではどんなことが起きたか振り返る
2～3時	地震が起きやすい場所はどこか、津波などの災害を防ぐためにどのような対策が行われているか調べる
4～6時	陸前高田市の観光ガイドの方の話や、陸前高田市民体育館の当時の様子などを読み取り、東日本大震災による陸前高田市の被害状況を調べる
7時	被災した陸前高田市民体育館は保存すべきか解体すべきかを考える
8～9時	被災者の地震や津波に対する意識や陸前高田市のまちづくりのプランを調べ、市民体育館をどうすべきか考える
10～15時	陸前高田市民体育館が解体されたことを知り、市の仮設住宅の状況、陸前高田市長の考えや遺族の気持ちなどを調べ、どうして解体されたのかを考える
16～17時	大槌町の旧役場は保存すべきか、陸前高田市で学んだことを生かして、解体すべきかを考え、話し合い、大槌町旧役場はどうすればよいか自分の考えを書く

7　授業の実際

2～3時

　日本は、4つのプレートがぶつかり合っている国であり、地震が起こりやすいということや、地震が起こると津波や火災、土砂崩れなどの二次災害が起こるということ、そしてそのために砂防ダムなどの被害を防ぐ設備や、安全に避難できるための避難やぐらがあるということを教科書・資料集で調べた。そして、具体的に、岩手県の津波浸水予測図（東日本大震災前に作成されたもの）

を子どもたちに提示した。そのハザードマップから、明治三陸津波・昭和三陸津波・チリ地震津波の被害などをもとに、地震発生から何分で津波が来るのか、どれくらいの高さの津波が来るのか、津波でどの範囲が何メートル浸水するのかなどの当時の予測を調べた。ある児童は、その資料から当時は5.5mの防潮堤だったという事実を抜き出し、「東日本大震災の津波はどれくらいの高さだったのですか」と質問

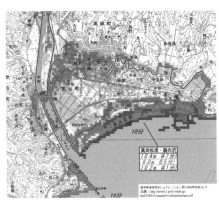

図表Ⅲ-5-1　岩手県の津波浸水予想図（東日本大震災前に作成されたもの）

した。「一番高いところは18mです」と返すと、「防潮堤の高さが足りない！」と口々に騒ぎ出した。「では、20mの防潮堤が海沿いにあったらどうですか」と子どもたちに聞くと、うーんと考え込んでいた。

　授業後の振り返りに、ある児童は「もし、20mの堤防があると景色がさびしくなるし、海に住む人は漁業ができなくなってしまうから大きすぎる堤防も問題があると思った」と書いていた。

4～6時

　東日本大震災の岩手県の津波の様子を映像で提示したり、陸前高田市の被害状況を観光ガイドの方からお話を聞いたものを文書資料として提示した。子どもたちが東京で体験したことと比べものにならないくらいの出来事だったことを目の当たりにし、より当事者性をもって学習材に向かっていたように感じた。子どもたちの授業後の振り返りには、「車がこっぱみじんであとかたもなくこわれていて、見ているのもつらかった。目を背けたくなるぐらいのひどさでこわいと思った」とあった。また、「津波はとてもとても怖かった。もっと避難訓練をしないとと思った」と書いている子もいた。前時の学習を受けて、ハード面だけでは、災害を防

被災した車

ぐことは難しいということがわかり、個人個人でしっかり備えをしなければならないという様子が伝わってきた。
7時

　陸前高田市の当時の状況をより詳しく調べるために、陸前高田市民体育館を取り上げた。新聞記事から当時の様子を読み取ったあと、市民体育館は保存すべきか解体すべきかを（学習当時は解体されていたが、それは伝えずに）子どもたちに投げかけた。「原爆ドームのように残したほうがよい」「津波の恐怖を知ってもらうために残す」

陸前高田市民体育館

「めちゃくちゃになった車を飾って、津波博物館をつくればよい」といった今後の津波防災を考えたうえでの保存する意見や、「遺族の気持ちはどうだろう」といった保存すると起こりうる問題に目を向けた意見、「博物館を造ると費用がたくさんかかるのでは」などといった意見が出、次時以降で調べるべき観点が出てきた。それをもとに、次時以降は展開していった。

16時～

　陸前高田市の震災遺構について考えたことを活用するために、授業実践当時はまだ解体か保存かが決定されていない「大槌町の旧役場」を子どもたちに提示し、保存すべきか解体すべきかを話し合わせた。今まで調べてきたさまざまな視点やクラスの他の子どもの意見を踏まえ、自分なりの結論を出した。

大槌町の旧役場

子どもたちの意見文より
解体（8名）
　大槌町であと一つだけの町役場なので、残したほうがよいと思うけれど、犠牲者が40名もでてしまったので、前の授業でやったような「強い思い」があ

る方もいるので、やはり「解体」を考えなくてはならない。そこで、一部保存もよいと思っていたが、一部保存だと津波の怖さがわかりにくい。でも、保存だと費用面もあるし、遺族の気持ちも考えるとやはり解体がいいと思う。

一部保存（8名）

前と変わらず一部保存の案に賛成した。なぜなら、解体すると後世に伝えられない。博物館も建てるお金がかかる。そのようにしたとしても観光客が来なかったときのリスクもある。保存だと解体よりお金がかかる。見たくないという気持ちも多くなる。一部保存ならば、残す物にもよって違いがあるが、後世に語り継げられる。解体のお金も含めなければいけないが、後世に語り継げないよりはましである。また観光客が来なくても、どれにしろお金はかかるから、観光客が来なかったら仕方がない。そしてお金がかかる内でも、一番安く、後世に語り継げられるものは一部保存だけだ。そして、時計か何かを残し、公園におけば、それを見るのは津波の記憶が薄い人や津波を知らない子孫、見たくないという思いが小さい人だけなので、津波にあった人が思い出したり、見たりしなければ精神的にも大丈夫だと思う。

保存（10名）

全部保存するべきだと思う。全部保存すると防災意識が高くなると思う。そして解体するとこのまちには、被災した建物がなくなってしまう。私は、次の世代の人々に自分のまちもこんな大きな被害があったんだと思ってほしい。なぜなら、その人にも自分のまちはどんな感じだったのかも知ってもらいたいし、大槌町は、被害も大きかったから。あと、博物館に展示するのはやめたほうがいいと思う。写真や模型だけでは伝わらないおそろしさだから。写真を見ただけでも怖いと思うが、身近にあるほうが記憶の中にしまっておける。津波が来たときに逃げなきゃと思える。

記念館などにし、後世に伝える（4名）

解体した方がよいと思います。なぜかというと犠牲者が40名も出ているので遺族が多く悲しい気持ちになるので、遺族の気持ちを優先してほしいです。でも、町長も亡くなられているし、遺族も多いし、大槌町には一つも実際に津波にあった建物が残っていないので、そこに記念碑を作ってそばに記念館も作り、映像写真で伝えてほしいです。心の中では、やっぱり保存していろんな人

に見てもらい、自分の地域として考えて見てほしいし、町役場は最後の一つの建物なので、本物を見てほしいと思う。でも、遺族の気持ちをよく考えてみると、亡くなった人がいる方が、建物を毎日見るのはつらいし、私は、部外者だから保存してほしいと言えて、遺族の方はとてもつらいのかなと思いました。

おわりに

　子どもたちは、この単元を通して、社会問題には、さまざまな考えが対立しており、広い視野から、市民一人ひとりに寄り添いながらどのような決定がよいか問い続けることの重要性を学んだのではないだろうか。

　また、実際に上記の意見文（や他の子どもが書いた意見文）から分析すると、「遺族の心情面」、「今後の津波防災について」、「費用」といった観点から書いている子が多い。解体するという立場の子の意見文でも、震災遺構がもたらす津波防災については大きな意義があるということを認めつつ、遺族の気持ちを考えると解体すべきという意見を出している。ここから、震災遺構をどうすべきかと考えることが、津波のおそろしさや地震が起きたときにはどうすべきかといった個人の防災を高めることの重要性の理解につながっていると読み取ることができる。

　将来子どもたちが、今後、首都直下型地震や南海トラフ地震などが起こったとしても、一市民としてどのような行動を取ればよいか、そして、災害後の社会の問題に対しても、関心を持ち考え続けていくようになっていくことを願っている。

付録

学習ワークブック
『「防災まちづくり・くにづくり」を考える』の解説

付録
学習ワークブック『「防災まちづくり・くにづくり」を考える』の解説

藤井聡

（京都大学大学院工学研究科教授、内閣官房参与）

学習ワークブックの趣旨

　政府は、「防災まちづくり・くにづくり学習」の全国展開を支援する目的で、学習ワークブック（副読本）を制作・発行している（図表1参照）。

図表1　学習ワークブック（表紙）

　このワークブックは小学校から、中学・高校までを対象として編集されている（中学・高校については、より高次な内容を取り扱う「チャレンジレベル」のページを設けている）。

　作成にあたっては、学校教育の現場の教諭・教育学者・文部科学省と、防災まちづくり・くにづくりの専門家が議論しながら土木学会に設置されたワーキングの中で編集作業を行った（図表2参照）。

　このワークブックは、本書の第1章で論じた「方法」(p.18参照)に沿った段取りで構成されている。具体的には、次ページ以降をご覧いただければと思うが、ここでは本ワークブックを授業等で活用いただくことを念頭におきつつ、その内容やその基本的な活用方法を簡単に解説したい。

　なお、本ワークブックは教育課程においては図表3にとりまとめたようなカリキュラムの中での活用可能性がある。ついては、例えば総合的な学習の時間

付録　学習ワークブック『「防災まちづくり・くにづくり」を考える』の解説

図表 2 「防災まちづくり・くにづくり」学習ワークブック制作体制

発　　行：内閣官房国土強靭化推進室
制　　作：土木学会 教育企画人材育成委員会
　　　　　土木と学校教育会議検討小委員会
　　　　　「防災まちづくり・くにづくり学習」副読本検討ワーキング
　　　　　藤井聡［京都大学大学院 工学研究科 教授／内閣官房参与防災減災 ND 担当］
　　　　　寺本潔［玉川大学 教育学部 教授］
　　　　　唐木清志［筑波大学 人間系（教育学域）准教授］
　　　　　谷口綾子［筑波大学大学院 システム情報工学研究科 准教授］
　　　　　泉貴久［専修大学松戸中学校・高等学校 教諭］
　　　　　五十嵐俊子［日野市立平山小学校 校長］
　　　　　岩坂尚史［お茶の水女子大学附属小学校 教諭］
　　　　　服部司［内閣官房 国土強靭化推進室 企画官］
　　　　　島田智康［内閣官房 国土強靭化推進室 参事官補佐］
　　　　　三浦光一郎［内閣府 防災（普及啓発・連携担当）参事官補佐］
　　　　　佐藤浩樹［文部科学省 スポーツ・青少年局 学校健康教育課 安全教育調査官］
　　　　　高塚秀和［文部科学省 スポーツ・青少年局 学校健康教育課 防災教育係長］
　　　　　中村俊之［京都大学大学院 工学研究科 助教］
イラスト：スギヤマカナヨ
デザイン：安楽豊

（平成 27 年 3 月現在）

や防災教育のカリキュラムの中で本ワークブック全体を最初から活用いただく
活用方法もある一方で、先生方の授業計画の中で、本ワークブックの中の一部
だけを利用されるかたちでも大いに結構である。ぜひとも、それぞれの授業の
際に、柔軟にご活用いただければ幸いである。
　また、本ワークブックの各児童生徒への配布を想定する場合は、下記まで問
い合わせれば（数量限定のため残部がある限り）無償提供されている。また下
記インターネットからファイルをダウンロードし、印刷することも可能である。
ついては先生方の授業計画の中で一部だけ利用される場合などに、p.161 のイ
ンターネットサイトをご活用いただきたい（平成 27 年 8 月現在）。

159

付録　学習ワークブック『「防災まちづくり・くにづくり」を考える』の解説

図表３ 「学習指導要領」に基づく、防災まちづくり・くにづくり学習が可能な学年・教科と授業目標

対象学年	教科	目標	内容（関連箇所の抜粋）
小1・2	生活科	(1) 自分と身近な人々及び地域の様々な場所、公共物などとのかかわりに関心をもち、それらのよさに気付き、愛着をもつことができるようにするとともに、集団や社会の一員として安全で適切な行動の仕方について考え、安全で適切な行動ができるようにする。	(3) 自分たちの生活は地域で生活したり働いたりしている人々や様々な場所とかかわっていることが分かり、それらの人々や場所に愛着をもち、人々と適切に接することや安全に生活することができるようにする。
小3・4	社会科	(1) 地域の産業や消費生活の様子、人々の健康な生活や良好な生活環境及び安全を守るための諸活動について理解できるようにし、地域社会の一員としての自覚をもつようにする。	(4) ア 関係機関は地域の人々と協力して、災害や事故の防止に努めていること。 (4) イ 関係の諸機関が相互に連携して、緊急に対処する体制をとっていること。
小5	理科	(2) 植物の発芽から成長までの過程、動物の発生や成長、天気の変化を条件、時間、水量、自然現象などに目を向けながら調べ、見いだした問題を計画的に追究する活動を通して、生命を尊重する態度を育てるとともに、流水の働き、天気の変化の規則性についての見方や考え方を養う。	(3) 流水の働き (4) 天気の変化
小5	社会科	(1) 我が国の国土の様子、国土と国民生活との関連について関心を深め、国土に対する愛情を育てるようにする。	(1) イ 国土の地形や気候の概要、自然条件から見て特色ある地域の人々の生活 (1) エ 国土の保全などのための森林資源の働き及び自然災害の防止
小6	理科	生物の体のつくりと働き、土地のつくりと変化の様子、月と太陽の関係を推論しながら調べ、見いだした問題を計画的に追究する活動を通して、生命を尊重する態度を育てるとともに、生物の体の働き、土地のつくりと変化、月の位置や特徴についての見方や考え方を養う。	(4) 土地のつくりと変化
小6	社会科	(2) 日常生活における政治の働きと我が国の政治の考え方及び我が国と関係の深い国の生活や国際社会における我が国の役割を理解できるようにし、平和を願う日本人として世界の国々の人々と共に生きていくことが大切であることを自覚できるようにする。	(2) ア 国民生活には地方公共団体や国の政治の働きが反映していること。
中1・2	社会科 [地理的分野]	(1) 日本や世界の地理的事象に対する関心を高め、広い視野に立って我が国の国土及び世界の諸地域の地域的特色を考察し、地理的な見方や考え方の基礎を培い、我が国の国土及び世界の諸地域の認識を深める。	(2) 日本の様々な地域 イ 世界と比べた日本の地域的特色 (ア) 自然環境
中1・2	社会科 [地理的分野]	(2) 日本や世界の地域の諸事象を位置や空間的な広がりとのかかわりでとらえ、それらの地域的な課題や地域の特色を考察し、地域的な課題をとらえさせる。	(2) 日本の様々な地域 イ 世界と比べた日本の地域的特色 (ア) 自然環境を中核とした考察 エ 身近な地域の調査
中1	理科	(3) 地学的な事物・現象についての観察、実験を行い、観察・実験技能を習得させ、観察、実験の結果を分析して解釈し表現する能力を育てるとともに、大地の成り立ちと変化について理解させ、これらの事物・現象に対する科学的な見方や考え方を養う。	(2) 大地の成り立ちと変化 ア 火山活動と火成岩 イ 地震の伝わり方と地球内部の働き ウ 地層の重なりと過去の様子
中2	理科		(4) 気象とその変化 ア 気象観測　イ 天気の変化　ウ 日本の気象
中3	理科	(4) 生物どうしや生物と自然環境との間に関連があることを認識させ、これらの活動を通して生命を尊重し、自然環境の保全に寄与する態度を育てる。	(7) 自然と人間 イ 自然の恵みと災害
中学校全学年	保健体育	個人生活における健康・安全に関する理解を通して、生涯を通じて自らの健康を適切に管理し、改善していく資質や能力を育てる。	(3) ア 自然災害による傷害は、災害発生時だけでなく、二次災害によっても生じること。また、自然災害による傷害の多くは、災害に備えておくこと、安全に避難することによって防止できること。
高1・2・3	地理A	現代世界の地理的な諸課題を地域性や歴史的背景、日常生活との関連を踏まえて考察し、地理的な見方や考え方を培い、現代世界の地理的認識と国際社会に主体的に生きる日本国民としての自覚と資質を養う。	(2) 生活圏の諸課題の地理的考察 ウ 生活圏の地理的な諸課題と地域調査
高1・2・3	地理B	現代世界の地理的事象を系統地理的、地誌的に考察し、現代世界の地理的認識を養うとともに、地理的な見方や考え方を培い、国際社会に主体的に生きる日本国民としての自覚と資質を養う。	(3) 現代世界の地誌的考察 ウ 現代世界と日本
高1・2・3	地学基礎	日常生活や社会との関連を図りながら物質とエネルギーに関する事物・現象への関心を高め、目的意識をもって観察、実験などを行い、地学的に探究する能力と態度を育てるとともに、地学の基本的な概念や原理・法則を理解させ、科学的な見方や考え方を養う。	(2) 変動する地球 エ 日本の自然環境

（インターネット）

「土木と学校教育会議」検討小委員会ホームページ

http://trans.kuciv.kyoto-u.ac.jp/cvilandeducation/workbook.html

（問い合わせ先）

内閣官房国土強靱化推進室　03-5253-2111（内 33734）

学習ワークブックの基本構成

　本ワークブックは、

（ステップ１）「今、わたしたちの「まち」「くに」がどんな危機に直面しているかの想像」を促したうえで（前半の 10 ページまで）

（ステップ２）想像した「危機」を避けるために、どうしたらよいかを考える」ことを促す（後半の 11 ～ 19 ページ）

という二段構成となっている。そしてこれを通して、児童生徒たちが、地震や洪水といった自然災害に対する「まちづくり・くにづくり」を考える力を涵養することを企図している。

　ただし地震や洪水という「自然の猛威」ばかりを伝えると、自然そのものを恐怖の対象と見なしてしまうことが危惧されるので、冒頭（2 ～ 3 ページ）で、「私たちは自然から様々な恵をうけています」というメッセージのもと、農林水産やレジャーなどの「自然の恵み」を改めて解説している。

ステップ１：危機を具体的に「想像」する（前半の 10 ページまで）

　そしてそのうえで、「でも…ひとたびすごい雨がふったら…」というケース（4 ～ 5 ページ）と、「ひとたび巨大地震がおこれば」というケース（6 ～ 7 ページ）のそれぞれで、具体的にどのような

　「災害をもたらし得る自然現象」（津波、高潮、倒壊等）

が起こるのかの専門的な情報を解説している（図表 4 参照）。その具体的内容については、イラスト、写真、コメントのそれぞれで説明しているので、授業の前にそれぞれのページをご覧いただければ、最低限の情報をご理解いただけるものと思う。

　なお、これらの「危機」については、対象とする児童生徒たちの「地元」の

地震や洪水・高潮・土砂災害等について考えることで、より一層、児童生徒たちにとって、より、身につまされるかたちのリアリティある授業とすることができるであろう。その場合には、例えば、国土交通省が運営している**ハザードマップ・ポータルサイト**（http://disaportal.gsi.go.jp/）が便利である。このポータルサイトには、全国のすべての地域の、洪水・高潮・津波・土砂災害・火山で、どこが被害を受けるのかの地図（ハザードマップ）が掲載されている。ぜひ、授業の組み立てを検討される場合は、こちらも参照いただきたい。

　次の3ページ（8〜10ページ）では、そんな「危機的な自然現象」が起こったあとに私たちの暮らしやまち、くにが、どのようになってしまうのかを、以下の3つの段階に分けて解説している。つまり、7ページまでの「自然現象」によって、私たちがどのような「被害」を受けるのかを、8ページ以降で、以下の三段階に分けて解説している（図表5参照）。

図表4　危機を「想像」させるページイメージ（大雨の場合）（4〜5ページ）

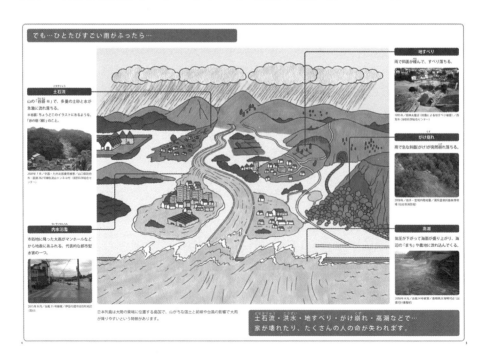

①災害直後：火災、建物倒壊、そして大量の死傷者の発生という、さまざまな「直接的被害」が生じる。
②災害からしばらくの間：避難所生活、被災地での食料・医療不足や、全国的な食料、エネルギー不足や大量の失業者の発生等の「間接被害」が生じる。
③長い間の「後遺症」：日本の産業が打撃を受け、倒産が増えて、失業が増えて、日本経済が長い間、低迷してしまう。これは少し抽象度が高いため、中高生中心の「チャレンジレベル」のテーマ。

　ここで重要なのは、こうした基礎情報を見ながら、具体的に何がどうなっていってしまうのかを、児童生徒たちに、可能な限りリアルなかたちで「想像」させることである。したがって、このページは、ただ単に情報を教えるために使うためのものというよりは、子どもたちの「想像」をかきたてる呼び水とな

図表５　地震・大雨の「被害」についての解説ページイメージ（8～9ページ）

るページとして活用いただきたい。ついては、

- ・このページを参考に、自分のまちではどこがどうなるかを考えさせ、発言を促す
- ・同時に、ここに書かれていること以外に起こりそうなこととは何かを考えさせ、発言を促す

といった授業の組み立てが考えられる。

いずれにしても、第1章の「方法」のところでも解説したが、防災まちづくり・くにづくりにおいて最も大切な段階がこの「想像させる」という点にあるという一点を、ぜひともご理解いただきたい。「危機の想像」さえできれば、あとは半ば必然的に適切な対処に思いが及ぶことになるからである。

ステップ2：想像した危機を「避ける」方法を考える
（後半の 11 ～ 19 ページ）

以上の「危機」を十分に想像させたうえで、本ワークブックでは 11 ページで

「こんな最悪な未来を避けるために、今のわたしたちに何ができるのか考えてみましょう」

と問いかけている。そして、それを具体的に考えさせるのが、

「災害に強い『まち』、強い『くに』とは…？」

のページ（12 ～ 19 ページ）である。

ただしこれを考えさせる一つの方法として、このワークブックを見せず、児童生徒たちに自由に考えさせ、ある程度意見が出たときにこのワークブック（あるいは、その一部をコピーしたもの）を配布し、さらに議論を深める、ということも可能であるし、最初に配布しておいて、これを「参考」にしながら、どうしていけばよいのかを自由に考えさせ、発言させていく、という方法も考えられる。

ここでは以下の3つの分類に沿って最悪事態への対処を解説している。

（その1）**基本的な対策**（12 ～ 13 ページ）：まずはみんなが災害のことを知るようになるとともに、建物の耐震補強、堤防、砂防ダム、津波タワー等をつくり、防災訓練を繰り返す。また、チャレンジレベルとして、いろんなものの

164

付録　学習ワークブック『「防災まちづくり・くにづくり」を考える』の解説

図表６　災害に強い「まち」「くに」を、地図を見ながら考える（14～15ページ）

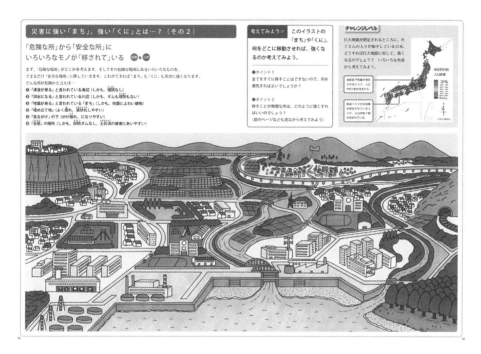

「スペア」を作ることの重要性も伝える。

　（その２）「まち」や「くに」の構造を災害に強くする（14～15ページ）：「危ない所」から「安全な所」に、いろいろなモノを移していき、まちやくにの構造を、より災害に強いものに仕上げていく。そのために、14～15ページのイラストの「どこが危ないのか」を、このページの解説を読みながら、児童生徒に指摘させていく（図表６参照）。また、チャレンジレベルでは、東京一極集中していること、そしてそれが、首都直下地震の危機を大きくしていること、だから、東京から地方への分散が必要であることの気付きと理解を促す。

　（その３）災害後、早く回復する（18ページ）：災害に対応するには、その被害を減らす方法を考えるだけでなく、受けてしまった被害をいち早く回復させていく方法を考えることも大切である。18ページでは、そのための方法を考えている。

165

「防災まちづくり」を地図を使って実際にやってみる！

　ワークブック 16～17 ページは、「白地図」。まだ、「まち」がない状態の地図である（図表 7 参照）。もしも、ここに「まち」をつくるとしたら、どこに、何を作ればいいのか？　津波が来るから海岸線沿いを避けるのか、それとも、工場はやはり海沿いにないと輸出入が難しいから海沿いにつくるけど、堤防をつくって守るのか……そんなことを、この白地図を使って、児童生徒たち一人ひとりに考えさせる授業を展開することを想定して、このページが作られている。その際、このページの下に描かれている工場や病院、学校などのイラストを（コピーをとってから）はさみで切り取って、それを白地図の上に配置していくかたちで「まちづくり」をさせていく、ということも可能である。

　その際もちろん、そのまちは災害にさえ強ければそれでいい、というわけにはいかない。当たり前だが災害が来ないときにでも、人々はそのまちで暮らし

図表 7 「災害につよいまち」を平時のことも考えながらつくっていくことを促す白地図（16～17 ページ）

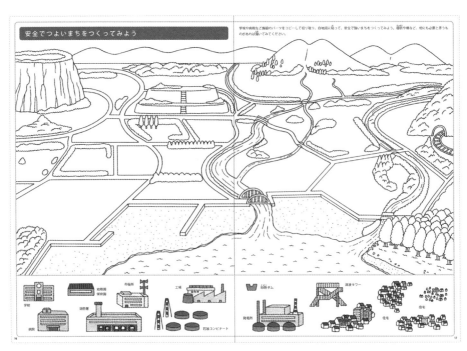

付録　学習ワークブック『「防災まちづくり・くにづくり」を考える』の解説

続けないといけないからだ。だから、災害がきたときのことと、普通の暮らしのときとの、両方を見据えながら、まちづくりを進めるように誘導していただくことが指導のコツなのである。

　それを考えたとき、「堤防」や「砂防ダム」などの施設が、なぜ、求められているのかが、クッキリと児童生徒たちにも理解されていくこととなろう。

「自助・共助・公助」　という見方

　しばしば防災教育では、防災の取り組みが、

　　自助：自分で自分を守る

　　共助：地域などで、助け合う

　　公助：政府や行政が、助ける

の３つに分類されることがある。ついては、本書で解説するさまざまな取り組みが、この３つのどれに当てはまるかを考えるという視点で、防災教育を進める方法も考えられる。

　本ワークブックには、それぞれの取り組みが、この３つのどれに該当するかの情報も記載されている。この視点で授業をする場合は、その情報もご活用いただきたい。また、その際には11ページの記入欄も適宜ご活用いただきたい。

「災害につよいまち・くに」を考え続ける仕組みについて

　本ワークブックは、「災害につよいまち・くにを考える」ことを促すものであるが、こういうことを考え「続ける」ことこそが、防災まちづくり・くにづくりにとって、文字通り、一番大切である。ついては、最後の19ページでは、災害の問題について「考え続ける」ためには、何が必要かを考えることを促している。

　具体的には、行政を中心に関係者が集まる「防災委員会」をつくってそれを定期的に開催したり、それに合わせて防災訓練を毎年開催したりするとともに、テレビや新聞などで防災企画を定期的に行ったり、あるいはそれらを義務化する法律をつくったり等、さまざまなアイデアが考えられる。ぜひ、児童生徒たちに、自由な発想で、どうすれば「防災まちづくり・くにづくり」を、四六時中人々が「考え続ける」ことができるのかを、じっくりと考える授業をご検討

167

付録　学習ワークブック『「防災まちづくり・くにづくり」を考える』の解説

図表8　「災害につよいまち・くに」を考え続けるためのワーク（18〜19ページ）

いただきたい。

　また、このページには、和歌山を襲った南海トラフ地震の大津波から村人を救った濱口梧陵の物語「稲むらの火」が紹介されている（物語の詳細は p.25 を参照されたい）。

おわりに

　以上、この付録では、内閣官房が発行している「防災まちづくり・くにづくり学習」の学習ワークブック（副読本）の内容、およびその使い方の一例をご紹介した。本付録の内容も参考にしていただきつつ、ぜひ、それぞれの現場で、本ワークブックをご活用いただき、さまざまなかたちで防災まちづくり・くにづくりを考える力を育む授業実践が展開されることを、祈念したい。

おわりに

「防災まちづくり・くにづくり学習」のこれまでとこれから

「防災まちづくり・くにづくり学習」のこれまで

　「土木」と「学校教育」の間を隔てる壁を取り払い、両者を「Win-Win」の関係で取り結ぶために、公益社団法人土木学会の教育企画・人材育成委員会に「土木と学校教育会議」検討小委員会が設置されて、8年が経つ（2015年8月現在）。この間、毎年1回のペースで土木と学校教育フォーラムを開催し、土木関係者と学校教育関係者が協力して「土木と学校教育の接点」に関する議論を深めてきた。このような過程を経て刊行されたのが、本書である。したがって、本書は現時点における、「土木と学校教育会議」検討小委員会の一応の到達点ということができる。

　「防災（あるいは減災）」は今日、土木と学校教育がともに関心を持っているホットな領域である。2011年3月の東日本大震災の発生以後、土木関係者は災害復旧と災害に強いまちづくり・くにづくりの在り方をこれまで以上に真摯に考えてきた。一方で、学校教育関係者は東日本大震災の教訓に学び、災害から児童生徒の命を守るために防災教育の充実に努めてきた。そして、両者の思いが重なった先に構想されたのが、他ならぬ「防災まちづくり・くにづくり学習」であった。

　防災教育の役割は、人々の命を守ることに限定されるわけではない。それが一義的な役割であるにせよ、防災教育の発展的な役割が他にあるはずである。本書には、その答えが載せられている。児童生徒は将来大人になって、地域や国を、そして世界を支える形成者の役割を担う。大人はそのことを念頭に置き、児童生徒が社会の形成者として成長できるよう、各種の教育プログラムを計画、実践する義務を負っている。「防災まちづくり・くにづくり学習」は、その一助となるように構想されたものである。

「防災まちづくり・くにづくり学習」のこれから

　学校教育は今、次期学習指導要領の改訂を前提として、教育改革の大きな波に巻き込まれようとしている。「防災まちづくり・くにづくり学習」がこの渦中で、教育改革論議の牽引者となってくれることを強く期待したい。21世紀型能力、シティズンシップ教育、アクティブ・ラーニング、カリキュラム・マネジメント、グローバル人材の育成、これら教育改革論議におけるキー概念と「防災まちづくり・くにづくり学習」との関係性は極めて高い。本書を有効に活用しながら、教育改革論議を深める努力を惜しまないでいただきたい。

　また、本書に収められた各論文は「学校教育」に焦点化されたものであるが、教育は、学校教育・家庭教育・地域教育の3領域より捉えるのが一般的である。そして、この3つの教育領域は単独で成立することは難しく、結果としてそこには、強固な相互依存関係が築かれることになる。この関係性は、「防災まちづくり・くにづくり学習」を構想するうえでも大切な観点である。

　例えば、「防災まちづくり・くにづくり学習」を、小学校5年生の社会科と総合的な学習の時間で実践することを考えてみよう。その場合には、多くの社会科教科書に載っているように、「自助」「共助」「公助」がキーワードとなる。児童はまず、教室と家庭の防災・減災対策を調査する。「自助」に関する学習であり、家庭教育との関連も深い。さらに、児童は教科書やワークブック（本書付録参照）をもとにして、地方自治体や国の防災・減災対策について学ぶ。これは、「公助」に関する学習である。そして、児童は地域の防災・減災対策を調査して、地域の方々と協力しながら、防災まちづくりの取り組みに具体的に参画することを計画する。この計画と参画のためには、地域人材の活用や地域学習の安全管理といった面からも、学校と地域の連携が不可欠であろう。以上のような、学校教育・家庭教育・地域教育の十分な連携がなければ、「防災まちづくり・くにづくり学習」は絵に描いた餅に終わってしまうことになる。

　「防災まちづくり・くにづくり学習」を学校教育の枠組みで限定的に捉えようとすると、残念ながらそこで身に付けられる資質・能力は、学校教育のみで通用する汎用性のない限定的なものになってしまうだろう。学校を家庭と地域に開き、教員・保護者・地域住民が児童生徒の教育のために一致団結したときに、「防災まちづくり・くにづくり学習」は大きな成果を収めるに違いない。

未来を創る子どもたちのために

　「防災まちづくり・くにづくり学習」を充実させるには、教師が児童生徒を「未来を創る子どもたち」と捉えられるかどうかが鍵となる。本書に収められた論文で、児童生徒の言動に触れたものは、そのほとんどで、児童生徒の成長ぶりを驚きをもって伝えている。大人さながら、場合によっては、大人を超えるような深い洞察力を持ち、献身的な行動をする児童生徒の姿に、われわれ大人は多くの可能性を感じるに違いない。

　児童生徒に身に付けさせるべき資質や能力に加え、最近では、教師の教え方や評価の仕方まで事細かに提案される時代となった。指示待ちは、児童生徒に限らず、教師にも及んでいる。そのような中で、子どもの可能性を信じ、それに対応した先進的な実践を生み出せというのは酷であることは重々承知している。しかし、時代は今、大きく動こうとしている。子どもたちの活躍は、防災・減災にとどまらず、さまざまな分野にも及んでいる。さらに、少子高齢化社会の日本においては、実際のところ子どもたちの力を借りなければ、成り行かない段階まできているのである。

　未来を創る子どもたちのために、大人の責任として、われわれには何ができるのだろうか。「防災まちづくり・くにづくり学習」の発想に触れ、今一度、じっくりと考えてみたいと思う。

　本書の発刊にあたり、株式会社悠光堂のみなさまには大変お世話になりました。特に、編集の遠藤由子様には、企画から校正・出版に至るまで、さまざまなところで献身的に努力していただきました。執筆者を代表いたしまして、心より感謝申し上げます。どうもありがとうございました。

筑波大学人間系准教授

唐木清志

編集・編集協力・協力・執筆者一覧

編集

藤井聡
　　（京都大学大学院工学研究科教授、内閣官房参与）
唐木清志
　　（筑波大学人間系准教授）

編集協力

中村俊之
　　（京都大学大学院工学研究科助教）
宮川愛由
　　（京都大学大学院工学研究科助教）

協力

公益社団法人 土木学会 教育企画・人材育成委員会
「土木と学校教育会議」検討小委員会

執筆者（掲載順）

藤井聡
　　（京都大学大学院工学研究科教授、内閣官房参与）
唐木清志
　　（筑波大学人間系准教授）

河田惠昭
　（関西大学社会安全研究センター長・教授）

佐藤浩樹
　（前文部科学省スポーツ・青少年局安全教育調査官、
　宮城県教育庁スポーツ健康課課長補佐）

塚原浩一
　（前国土交通省水管理・国土保全局防災課課長、
　国土交通省水管理・国土保全局河川計画課課長）

深松努
　（株式会社深松組代表取締役社長）

片田敏孝
　（群馬大学大学院理工学府教授）

矢崎良明
　（板橋区教育委員会安全教育専門員、鎌倉女子大学講師）

齋藤和宏
　（女川町立女川中学校主幹教諭）

宮田龍
　（高知市立城西中学校校長）

新保元康
　（札幌市立発寒西小学校校長）

寺本潔
　（玉川大学教育学部教育学科教授）

谷口綾子
　（筑波大学大学院システム情報系准教授）

松村暢彦
　（愛媛大学大学院理工学研究科生産環境工学専攻教授）

小村隆史
　（常葉大学社会環境学部社会・安全コース准教授）

岩坂尚史
　（お茶の水女子大学附属小学校教諭）

実践シティズンシップ教育

防災まちづくり・くにづくり学習

2015 年 12 月 15 日　　　初版第一刷発行

編　集　　藤井聡・唐木清志
協　力　　公益社団法人 土木学会 教育企画・人材育成委員会
　　　　　「土木と学校教育会議」検討小委員会
発行人　　佐藤裕介
編集人　　遠藤由子
発行所　　株式会社 悠光堂
　　　　　〒 104-0045 東京都中央区築地 6-4-5
　　　　　シティスクエア築地 1103
　　　　　電話　03-6264-0523　FAX　03-6264-0524
　　　　　http://youkoodoo.co.jp/
デザイン　　株式会社 シーフォース
印刷・製本　　明和印刷株式会社

無断複製複写を禁じます。定価はカバーに表示してあります。
乱丁本・落丁本は発売元にてお取替えいたします。

ISBN978-4-906873-49-4　C0036
ⓒ2015 Satoshi Fujii and Kiyoshi Karaki, Printed in Japan